Buchner: Auf großer Fahrt im Wohnwagen

Kurt-Oskar Buchner

Auf großer Fahrt im Wohnwagen

ISBN 3-933637-19-8

Wasser, Feuer, Schinken und Habakuk

Mit einem Ruck riß Hannes das Werbeheft in zwei Stücke. Und dann nahm er diese und riß sie noch einmal quer durch. Ritsch, ratsch! Jawohl! da lagen die Papierfetzen. –

Aber seltsam: Hannes fühlte sich nun doch nicht wohler und freier. Da saß er, die Handflächen gegen die Stirn gestemmt, am schmalen Tisch seines Wohnwagens und sah auf Wandbank und Geheimfach, auf Ofen und Hocker, auf Hängematte und Kochpott und natürlich auch auf die auf den Fußboden des Wagens hingefledderten Fetzen des Autowerbeheftes *Standardwagen der Welt.*

Da lagen sie zerstört am Boden, die Cadillacs, BMWs, die Jaguars, Buicks, die riesigen Manhattans und der noble Borgward-Hansa, der Cevrolet und der Mercedes, Opel Kapitän und der unwahrscheinlich lange Oldsmobile 98, dieser Straßenkreuzer. Zerstört und zerrissen. Und am besten, man machte gleich ein Feuer und sah zu, wie sich die Luxus-Karosserien in der Glut wanden, drehten, ehe sie Feuer fingen und zu Asche wurden.

Hannes schnellte hoch, stieß die Tür auf und sprang mit einem Satz aus seinem Wohnwagen. Ja – „seinem"! Dieser Wagen gehörte ihm, ihm ganz allein! Gut in Schuß war er. Die grünen Wände erst vor kurzem für die diesjährige Fahrt frisch gestrichen und lackiert, das Dach neu geteert. (Ei, du meine Güte, wie eine Herde Ferkel hatten sie hinterher ausgesehen!)

Die vier Eckfähnchen auf dem Dache hingen heut' bei der Windstille leider schlaff herab, die Glocke neben der Wagentür schwieg, die Deichsel stakte einsam in die Gegend, der Kutschersitz wartete auf die Kameraden wie – ja, wie eigentlich alles. Und das eben war es, was Hannes so bedrückte: Auch er wartete auf die anderen. Vor zwei Jahren, als er den Wagen geschenkt bekommen hatte für Jolis Lebensrettung, damals hatten sie sich gern anheuern lassen: Paulchen, der dicke, Wuz und Benno. Gerade Benno war ganz begeistert gewesen. Und die Zwillinge, die sie auf der ersten großen Fahrt aufgelesen, der Niki und der Franz, die hatten doch gar nicht wieder fortgewollt, die hatten doch schon nach einem Tag fest zu ihnen gehört und alles mitgemacht, und der Wagen war ihr einziges richtiges Zuhause gewesen. – Und voriges Jahr, als er seinen lieben Wagen hatte verkaufen wollen, um seiner kranken Mutter eine Kur zu verschaffen, da hatten sie ihn für einen Verräter gehalten und ihn, als der Wagen dann doch nicht verkauft werden mußte, vor Freude fast umgebracht, diese Rabauken, diese – diese – Hannes suchte nach Kraftwörtern, um seinen Kummer loszuwerden – diese blöden Knallköppe . . .

„Na, na, na", sagte eine Stimme. Hannes fuhr herum. „Warum redest du dich denn in der Mehrzahl an?"

„Wilhelm!" rief Hannes und sprang auf.

„Bin ich. Stimmt auffallend. Seit wann hältst du denn Selbstgespräche? Spinnst du?"

„Hab' ich laut gesprochen? Ach . . ." Hannes stockte. Es

war ihm peinlich, seinen Ärger Wilhelm zu erklären. Der würde noch zeitig genug merken, was für dicke Luft hier herrschte . . .

„Warst du schon zu Hause bei uns?“

„Ja. Deine Mutter sagte: ‚Der steckt bestimmt wieder in seinem Wohnwagen‘, und hat mir den Weg beschrieben.“

„Hast du Hunger, Wilhelm?“

„Das ist bißchen wenig gesagt. Schwerer Fall von Kohldampf.“

„Um so besser“, freute sich Hannes. Nun war der Ofen wenigstens zu etwas Vernünftigem da, nicht nur zum Autoverbrennen.

„Wo war doch eure Futterecke, genannt Speiseschrank, – da, Hannes?“

„Nein, dort unter der linken Bank.“ Sie kletterten in den Wagen. Wilhelm kramte seltsam lang in dem Fach herum.

„Sag mal, du beriechst wohl erst alles?“

„Besser Vorsicht als Vergiftung.“

„Du – werd nicht pampig, sonst kannst du am Däumchen lutschen als Mittagessen.“

„Friedlich, Kleiner – immer sachte. Ich denke, als ersten Gang gibt's gebratenen Schinken mit Eiern.“

„Vornehmer Pinkel. – Haben wir nicht. Kommt erst wieder rein.“

„Wieso. Ist doch da.“ – „Da . . .?“

Hannes glotzte sprachlos zu Wilhelm hinüber, der seelenruhig und mit lässiger Selbstverständlichkeit eben ein dickes Stück Räucherschinken auf den Wagentisch legte und diesem ein – zwei – drei – Eier folgen ließ, nein, vier – fünf – sechs . . .

„Ja, bist du wahnsinnig geworden . . .?"

„Ich nicht. Du vielleicht. Weiß das Knäblein nicht einmal, was es in seiner komischen Futterhöhle alles versteckt hat."

Hannes machte ein so dummes Gesicht, daß Wilhelm lachen mußte.

„Komm, Hannes, mach den Mund zu. – Oder wirst du plötzlich so hungrig?"

„Ja, aber – zum Donnerwetter, ich habe doch nicht . . ."

„Vielleicht hat eine Henne hier ihr heimliches Nest."

„Ach, Schafskopf. Erstens kann die nicht durchs Schlüsselloch legen, und zweitens – Schinken kann sie auch nicht legen. Na also."

„Hm. – Dann wird's wohl meine Schwester gewesen sein, die Bauersfrau, bei der ihr euch damals bei der Taufe so eingekratzt habt."

„Ach so . . . Guter Gedanke. Du bist wirklich anständig." –

Und während sie nun gemeinsam drei Eier über zwei Schinkenscheiben in die Pfanne schlugen, kramten sie alte Erinnerungen aus.

Wilhelm war das erste Mal hier in Hannes' Heimatstadt. Vergangenes Jahr erst hatten die sieben Wohnwagenjungen Wilhelm auf dem Hofe seines Schwagers und seiner Schwe-

ster getroffen. Damals hatte er sie belauert, ausgelacht, verfolgt, sich mit ihnen gestritten, war beim Fluchtversuch verletzt und daraufhin von ihnen in ein nahes Krankenhaus gebracht worden. Und dort war aus ihrem Feind und Verfolger ihr neuer Freund geworden. Weil er so allein war, ohne Eltern, sich nur geduldet vorkam auf dem Hof, deshalb hatte er die

Wagenkameradschaft sofort beneidet und sich darum an ihr gerieben und sie herausgefordert. – Die Schmerzen damals im Krankenhaus hatte er gern ausgehalten, so glücklich und stolz war er, nun auch zum „Wagen“ gehören zu dürfen. Dies Jahr aber sollte Wilhelm nun vom ersten Tage an die große Wagenfahrt mitmachen.

„Ja, also – da bin ich. Und denke natürlich, ihr liegt und steht und springt um euern Wagen herum und wienert den auf Hochglanz. Statt dessen hockst du trübsinnig alleine.“

Hannes schwieg böse.

Wilhelm streute noch Salz auf die Eier und rüttelte die Pfanne, daß der Schinken nicht verbrenne. Hannes schien gar nicht zu riechen, wie wunderbar diese Schinkeneier oder dieser Eierschinken duftete. Das war ein Gedicht! Und dazu machte man nicht so eine essigsaure Fratze.

„Heh – Hannes!“

„Ach, laß mich.“

„Hast du keinen Hunger?“ Wilhelm war beleidigt.

„Doch“, antwortete es mit Überzeugung.

Beide sahen zur Wagentreppe. Da gewahrten sie dick, rund, grinsend, daß alle Sommersprossen in die Breite gezogen wurden, und mit der Stupsnase begierig den Essensduft witternd – Paulchen, Paulchen Dahlke, das Prachtstück der Wagenbesatzung.

„Ach, sieh da: Heimliche Orgien.“

„Was heißt hier Orgien“, knurrte Hannes.

„In Fremdwörtern warst du immer schon schwach. – Tag, Wilhelm, fein, daß du da bist, Wilhelm", und gönnerhaft fügte er hinzu. „Du kannst gern mitessen, ich esse höchstens zwei Eier."

„Du bist ja rührend wie eine Großmutter", lachte Wilhelm und hieb Paulchen so kräftig auf die Schulter, daß der sich lang auf die Bank fallen ließ.

Stöhnend flüsterte er: „Gib mir schnell noch ein paar Bissen, eh' ich endgültig sterbe."

Aber Wilhelm piekste ihn nur mit der Gabel in den dicken Bauch, da war er schon wieder lebendig. –

Irgend etwas stimmt hier nicht, dachte Wilhelm, als sie sich dann über das Essen hermachten. Der Hannes ist so verändert. Aber warte, das Paulchen kann nicht dichthalten, dem zieh' ich's aus der Nase . . .

Zur gleichen Zeit gab es zwischen den Zwillingen der Wagenbesatzung, zwischen Franz, dem geschickten, energischen, und Niki, dem stillen, einen erbitterten Streit. Das war früher kaum einmal vorgekommen, und Franz hatte sich immer gefreut, wenn er seinen schmalen, scheuen Bruder verteidigen und beschützen konnte. Aber heute staunte Franz nur über den Bruder: So zornig hatte er ihn seit Jahren nicht gesehen.

Sie waren beide dabei, am frühen Feierabend sich Dreck und Öl von Gesicht, Hals und Armen zu waschen. Als Franz gerade im Seifenwasser mit fest zugekniffenen Augen prustete, fragte Niki: „Kommst du heute zum Wagen mit?"

„Wie – wat?"

Niki fragte noch einmal.

„Ach gar. Geh allein."

„Hannes erwartet uns ja schon seit einer halben Woche."

„Laß mich doch nur in Ruhe mit der alten Schaukelkiste."

„Das meinst du doch nicht ernst?"

„Klar. – Seht ihr denn nicht, was für ein altmodisches Möbelstück das ist?"

„Du bist gemein."

„Wieso denn. Seppel und Max aus der Werkstatt haben noch ganz andere Koseworte für unseren Wagen."

„Ach – was die blöden Kerle sagen, das mußt du ausgerechnet nachplappern."

„Haben recht."

„Nein."

„Davon wird der alte Pappkarton nicht besser."

Franz wunderte sich, daß keine Antwort mehr kam. Drum guckte er unter dem Handtuch zu Niki hinüber – und erschrak. Nein, so hatte ihn der Bruder noch nie angeschaut. Zorn, Wut, Haß, Verachtung – was blitzte ihm nicht alles aus Nikis Augen entgegen. Und weil Niki schwieg, wirkte es nur noch furchtbarer. Er tat Franz leid, und so ging der zu ihm hin und wollte ihn versöhnen. Aber Niki, der stille, gute Niki, stieß ihn so heftig zurück, daß Franz gegen den Stuhl taumelte und die Schüssel mit Seifenwasser krachend auf den Boden schmetterte.

Nun wurde auch Franz ärgerlich und wütend. Niki aber hätte am liebsten geheult. Seitdem Mutter tot war und sie auf sich allein angewiesen waren (denn die alten Mummelmanns

konnten in all ihrer Freundlichkeit ihnen die Eltern nicht ersetzen), hatte er immer zu Franz aufgeblickt. Aber heut' ekelte er ihn an. Ganz fremd kam ihm Franz vor. Wie konnte er nur so gemein von dem Wohnwagen reden. Hatte er denn alles vergessen, was sie ihm verdankten!

„Wisch das Wasser auf", forderte Franz.

Niki schwieg. Franz griff nach dem Scheuerlappen und warf ihn Niki gerade vor die Füße. Der riß den nassen Lappen hoch und warf ihn Franz an den Kopf. Im nächsten Moment hatte Franz Niki bei den Armen gepackt und drehte sie ihm seitwärts hoch, so daß Niki verbissen stöhnend sich immer tiefer herabkrümmte. Jetzt war er nur noch Zentimeter von dem schmutzigen Scheuerlappen entfernt. Er stöhnte nicht mehr, obgleich des Bruders Griffe ihm erbärmlich weh taten. Noch einmal schob Franz Nikis Arme höher, noch höher . . .

Dann – ärgerlich über des Bruders Beherrschung – ließ er ihn frei. Niki sah ihn aus rotunterlaufenen Augen in schweigender Wut an. Dann ging er rasch hinaus. –

Franz versuchte sich erst einzureden, das alles sei nicht schlimm. Aber es wollte ihm nicht glücken. Und so blieb er verärgert zurück. Der Nachmittag war ihm verdorben. Gründlich verdorben! –

Als Niki zum Wagen kam, rief Paulchen stolz: „Seht ihr, wer hat recht: Paul Dahlke. Wer kann hellsehen? Paul Dahlke. Wer hat . . ."

Wilhelm unterbrach ihn: „... einen Klaps? Paul Dahlke."

„Klappe! – Hab' ich nicht vor ein paar Minuten geweissagt, daß Niki bald kommt? Na ...?"

Es war ärgerlich, daß mitten in die Begrüßung hinein Wilhelm fragte, wo denn Franz bliebe. (Denn seit jenen Tagen, da Wilhelm den Wohnwagen eifersüchtig verfolgt hatte, war ihm Franz, der Tollkühnste von allen, besonders lieb.)

„Was machst du denn für ein Gesicht?" fragte Hannes den Niki.

Paulchen strich sich letzte Eierreste aus dem Mundwinkel: „Soll er nicht? Schnuppert fetten Schinken und findet nur leere Pfannen."

„Ach, dummes Zeug" –, Niki war gar nicht wiederzuerkennen.

Gut, daß in dem Augenblick vorn an der Schmalseite des Wagens ein Gesicht vor dem kleinen Schiebefenster sichtbar wurde und neugierig hereinspähte.

„Joli! Joli!" riefen sie durcheinander. Das war zackig! Nun kam auch Joli noch. Da waren sie doch schon fünf. Jolis Gesicht – an die Scheibe gedrückt – wurde immer heller und froher: „Gut, daß er da ist, – na, endlich!" rief er. Und damit verschwand er, und sie hörten ihn vom Kutschbock springen und um den Wagen laufen.

Als er auf der kleinen Treppe erschien, wollte Wilhelm ihn freudig begrüßen, auch Hannes hielt ihm die Hand hin. Aber Joli, immer noch schmal, zierlich, aber doch braungebrannt und sehnig – Joli sah sich nur im Wagen um, enttäuscht, ratlos:

„Ach, du bist es, Niki."

„Ja – und . . .?"

„Von hinten hatte ich dich für Franz gehalten."

Da standen und saßen sie um Hannes, ihren Wagenhäuptling, Paulchen, Niki, Joli – und schienen alle ein schlechtes Gewissen zu haben. Hannes aber machte ein Gesicht wie, wie . . . Wilhelm sagte es: „Du kiekst ja, als ob sie dir den Wagen geklaut hätten."

„Wenn sie's nur hätten!"

„Was . . .?"

„Ja, dann wär' er wenigstens fort, und es brauchte keiner blöde Ausreden zu erfinden. Der Benno und der Franz . . ."

Hannes brach ab. Seine drei Freunde schwiegen verlegen. Sie wagten kaum sich anzublicken. Wilhelm aber schlug mit der Faust auf den Wagentisch, daß die leere Bratpfanne hochhüpfte. „Jetzt reicht mir's aber. Alberne Geheimnistuerei. Und dauernd dies dumme: ‚Der Franz, der Franz'. – Was ist denn nun eigentlich los?"

Hannes' Stimme bebte: „Aber es braucht überhaupt keiner von euch mitzufahren. Ich reise auch allein. Jawohl. Ich laufe keinem hinterher." Und in Sekundenschnelle durchzuckte ihn ein verwegener Gedanke: Er würde seinen Wagen an die Küste fahren und von hoch oben ins Meer stürzen oder bei Nacht anzünden und ihn auf einsamem Felde verbrennen.

Besser so, als daß er hier bespöttelt, entehrt und verachtet wurde. Tausendmal besser!

„Heh, Hannes, – glotz nicht durch mich durch. Da bekommt man ja Angst."

„Was sagst du, Wilhelm?"

„Ob du glaubst, daß ich die vielen Kilometer auf meinem Drahtesel hier für nichts und wieder nichts hergepest bin. Mich wirst du nun nicht los."

„Mich auch nicht."

„Und mich erst recht nicht."

„Und", rief Paulchen stolz, „Habakuk auch nicht."

„Wie? Was? Habukak?"

„Ach – Ha-ba-kuk. Kapiert?"

„Ja. Aber wer ist denn das?"

Paulchen grinste, frech und breit: „Mein neuester Freund. Treu wie Gold."

Niki druckste vor Verlegenheit: „Und der soll für Franz und Benno, wenn die . . . falls die . . ."

„Paßt der denn zu uns?" wollte Hannes wissen. Vielleicht konnte man die beiden Treulosen auf diese Weise eifersüchtig machen.

„Und ob er paßt. Mutter sagt, er sei genau so gefräßig wie ich."

„Bring ihn doch einmal mit."

„Gern. Morgen. In der Hosentasche."

„In der . . .?"

„Ja. Er ist doch ein – Goldhamster."

„Ach, du alter Klapsmeier, hast wohl lange keine Abreibung bekommen."

„Seht ihr, so ungerecht und undankbar seid ihr. Wer bringt Jubel, Trubel, Heiterkeit in eure miesetümplige Trauergesellschaft . . .?"

„Paul Dahlke!" schrien sie alle.

„Danke. Das klingt schon besser. – Und wer trägt morgen Habakuk in der Hosentasche hierher, obgleich er noch nicht stubenrein ist . . .?"

„Paul Dahlke!"

„Na also", nickte Paulchen befriedigt und verneigte sich gnädig lächelnd wie ein Opernsänger, – „aber eure Dummheit strengt an. Wilhelm, komm, schneid noch mal Schinken ab."

Es schmeckte dann so gut, daß sie Benno und Franz fast vergaßen. Nur Hannes sah im Geiste immer wieder die Flammen aus seinem Wagen schlagen, hörte sie knistern und prasseln. Ja, dann würden die anderen jammern. Aber dann war es zu spät. Schluß. Fertig. Das war die richtige Strafe! –

„Vielleicht", sagte er düster, „müßt ihr von dieser Fahrt zu Fuß heimkommen."

„Warum das denn?"

„Traust *du* jetzt dem Wagen auch nichts mehr zu?"

„Ich?" Hannes blitzte Paulchen an. „Eher sind bei dir ein paar Schrauben locker als an meinem Wagen."

„Na, na, na, na, na ... Aber laufen möchte ich nicht gerne."

Hannes zuckte nur die Schultern und schwieg. So endete der Nachmittag trotz Schinken und trotz Habakuk doch wieder so, wie er begonnen.

Blöde Kindereien und zackiger Porsche

Benno und Franz waren glücklich. Nur wenn es galt, den anderen wieder ans Steuer zu lassen, bedauerte man, nicht noch einen zweiten Porsche – oder vielleicht auch einen Alfa Romeo – zu haben. Dann hätte jeder für sich die Runden drehen dürfen, die sie so gemeinsam drehten. Das waren die schönsten Stunden jeder Woche, wenn Franz ‚*seinen*' Wagen pflegen ging. – Sein Chef hatte ihn schon bald ins Herz geschlossen. Damals, als die Wohnwagenjungen die elternlosen Zwillinge von der Fahrt mitgebracht hatten, hatte Jolis Vater, Direktor Berger, die beiden als Lehrlinge in seinen Betrieb aufgenommen. Da war auch Niki noch heute tätig. Den Franz aber hatte Herr Berger einem guten Bekannten, dem Besitzer einer Auto-Reparaturwerkstatt, empfohlen, und dort arbeitete seit einem Jahr nun Franz, besessen von seiner Liebe zu allen technischen Dingen, begeistert immer wieder von den Wundern moderner Motorenkonstruktion.

Einmal war Franzens Chef, Ingenieur Breithorst, an den Betriebsgaragen vorbeigegangen, wo Franz den neuen, silbergrauen Porsche des Chefs abspritzen sollte. Da hatte er den „Stift" Franz am Steuer sitzend gefunden, auf das Armaturenbrett starrend, an der Gangschaltung spielend.

„Zum Donnerwetter! Das nennst du arbeiten!" hatte Breithorst ihn angefahren. Franz hatte nichts geantwortet, war aus dem Wagen herausgesprungen und hatte den Abspritzschlauch ergriffen. – Am Abend hatte der Chef sich überzeugen können, daß sein Porsche auf Hochglanz geputzt und poliert, von unten bis oben, von vorn bis hinten gründlichst gepflegt bereitstand. Er hatte sich an Franzens Gesicht erinnert, und es tat ihm nun fast leid, den Jungen so angeschrien zu haben. Er hatte in den nächsten Tagen den Jungen ein paarmal auf die Probe gestellt. Und in der Tat: Für den Wagen war dem Franz jedes Zeitopfer gleichgültig. Er schien einen sechsten Sinn, einen Autoinstinkt zu haben. – „Springt schlecht an." – „Der Motor tuckert etwas. Sieh mal nach", oder: „Vergaser nicht ganz in Ordnung", so oder ähnlich lauteten Breithorsts kurze Bemerkungen. Und mit Leidenschaft, in Überstunden, ohne locker zu lassen, ehe nicht der letzte Schaden behoben war, mühte Franz sich ab und strahlte überglücklich und stolz, wenn der Chef erstaunt am nächsten Tage feststellte: „Nanu, der zieht ja mit hundert Sachen davon, wenn ich ihn nur scharf angucke. Du zauberst wohl, Franz?"

So groß das Werkgelände, so herrlich (besonders nach Feierabend) die Probefahrten im Porsche waren, – das Schönste war doch gewesen, als Ingenieur Breithorst ihn eines Nachmittags im Wagen mitgenommen und draußen auf der Chaussee ihn sogar ans Steuer gelassen hatte.

„Nana ...", hatte Breithorst gelächelt und sorglich auf ihn geachtet, als Franz von 40 auf 60 Stundenkilometer gegangen war. „Solche Geschwindigkeiten hast du wohl noch nie gefahren?"

„Doch – schon 120 Stundenkilometer."

„Was – um Gottes willen!"

Franz lächelte leise: „Aber nur im Traum. Ich träume fast jede Nacht von meinem – eh – von Ihrem Porsche."

Breithorst lächelte: „Also – von u n s e r e m Porsche. Fein, daß er dir so lieb ist. Weißt du – Vorsicht, nimm Gas weg – so – weißt du, so ein Wagen ist wie ein Lebewesen. Pflegt man ihn mit Liebe, dann dankt er's einem immer von neuem. – Willst du immer ein Auge auf ihn haben – auf, ‚unseren' – ja?"

Franz hatte vor lauter Freude laut gehupt. –

Und nun war es Franzens stiller Plan, Benno, der seit Ostern mit der Schule fertig war, auch in „seine Firma" hineinzubekommen. Lehrlingsplätze waren zwar nicht mehr frei, aber er wollte Herrn Breithorst doch einmal darum bitten. Vielleicht konnte er ihm seinen Freund einfach einmal vorstellen. Jedoch – noch hatte es nicht geklappt. Aber auch ohne dies waren die gemeinsamen Stunden für Benno stets ein rechtes Fest.

„Ich habe wieder Post", erzählte er heute.

„Aus USA?"

„Ja, vom Vater."

„Hat er schon einen Wagen?"

„Noch nicht. Aber sicher bald."

„Was für einen wird er nehmen? Einen *land cruiser*?"

„Ooch, dieser riesige Straßenkreuzer, das reinste Schlachtschiff. Vater hat doch keine Familie. In den cruiser geht doch ein halber Verein. Der ist ja noch länger als der *commander.*"

„Ja, aber schmaler. – Und, mein lieber Jolly, – der hat sogar ein vollsynchronisiertes Vierganggetriebe, jawohl."

„Und 150 PS."

„Quatsch – 180! Bestimmt."

„Du meinst den Manhattan."

„Nein doch. Der hat ja sogar 200 PS. – Das wäre so was für uns. Bißchen groß, aber schneidig."

„Da mußt du aber fahren können, wenn du diesen Panzerkreuzer durch die Wallstreet schaukeln willst."

„Gar nicht so gefährlich. Der Vordersitz ist durch ein Abfangpolster gegen den Anprall am Armaturenbrett geschützt."

Benno grinste. „Weißt du, der Manhattan ist mir doch etwas billig. Ich würde nur Cadillac fahren."

„Welche Bauart . . .?"

„Welche?"

„Na, die bringen doch jedes Jahr neue Typen raus. General Motors ist das größte Autowerk der Staaten. Die spucken pro Tag Hunderte aus."

Benno gab es auf. „Bei dir kann man nicht landen, Franz. Ach, übrigens: Willst du noch einen Abzug von der Wohnwagenaufnahme, die Paulchen mit Jolis Apparat gemacht hat?"

„Nein, danke bestens. Ich hab' mich schon mit dem alten Photo, das ich habe, genug blamiert."

„Blamiert?"

„Zwei von meinen Kameraden sehen meinen Spind offen und in der Tür drin das Bild. Die haben sich fast weggelacht, das kannst du glauben."

„Laß sie doch . . ."

„Haben sie nicht recht?"

„Die kennen ihn doch nicht."

„Käsekiste, haben sie gesagt, Margarinekarton, Hühnerstall auf Rädern, Persilschaukel und ähnliches. Wir sehen gar nicht mehr, wie altmodisch das Ding ist."

Benno widersprach nicht, es war ihm aber gar nicht wohl dabei. –

An diesem Abend brachte Direktor Berger, Jolis Vater, seinen Freund Ingenieur Breithorst nach einer Konferenz zu dessen Werksbüro. Es war schon Feierabend. Als der Pförtner schnell kam, um den Schlagbaum hochzudrehen, gewahrte Direktor Berger neben dem Werkstor einen wartenden Jungen.

„Nanu – bist du's – Hannes?"

„Guten Abend."

„Was machst du denn hier?"

„Ich warte auf Franz."

„So spät?"

„Ja", mischte sich Breithorst ein, „Franz ist mit meinem Porsche verheiratet. Sicher bringt er ihn grad wieder auf Hochglanz."

„Der Hannes kann wohl mit rein, Herr Breithorst?"

„Ja, bitte."

„Nein, danke", sagte Hannes, „ich warte hier." Die Herren fuhren über den Werkhof, und Direktor Berger berichtete seinem Freund von Hannes und vom Wohnwagen.

„Ach", staunte Breithorst, „davon hat mir Franz noch nie etwas gesagt, daß er auch mit 2 PS durchs Gelände schaukelt. – Fahren Sie uns doch bitte einmal an der Garage vorbei."

„Gern."

„Tag, Franz", lachte Breithorst und patschte dem Jungen auf das Hinterteil, das aus der Motorhaube weit herausragte, der strubblige Kopf war tief über den Motor gebeugt.

Direktor Berger mußte schallend über Breithorsts Gesicht lachen, als sich überrascht der Junge hochrichtete, und mit ölfleckiger Stirn und Nase – Benno den Ingenieur anstarrte.

„Wer bist du denn? Was suchst du denn hier?"

„Ich . . . wir . . ."

„Jetzt hört sich doch alles auf. Treibt sich wildfremdes Volk auf unserem Werkhof herum und klamüsert mir meinen Motor auseinander. – Das ist doch eine Unverschämtheit."

Jetzt erinnerte er sich noch des Jungen am Tor, des Hannes, und seiner Verlegenheit. Ein Gedanke kam ihm.

„Franz!"

„Ja", antwortete der unter dem Wagen.

„Warum meldest du dich denn nicht?"

„Ach, dies verflixte Schmiernippel . . .“

„Komm mal vor.“

Franz wußte nicht recht, welches seiner Gesichter er machen sollte. Ganz so hatte er sich die erste Begegnung seines Chefs mit Benno allerdings nicht vorgestellt.

„Ja“, sagte er und trat vor die beiden Herren und bemühte sich, möglichst dumm auszuschauen.

„Du läßt wohl deine sämtlichen Kumpane an meinem Wagen rumspielen, was? Vermietest ihn wohl stundenweise? Draußen vor dem Tor steht schon der nächste.“

„Wirklich?“

Direktor Berger schwieg absichtlich. Er wollte sehen, wie sich seine Wohnwagenjungen bei „dicker Luft“ verhielten.

„Also los, Franz, was will der Junge hier?“

„Ich ...“ begann Franz zum zweiten Mal. „Ich wollte Ihnen den mal vorstellen, Herr Breithorst.“

„Franz“, der Ingenieur wurde rot vor Zorn. „Was erlaubst du dir.“

Mit Mühe hielt Direktor Berger sich zurück.

„Der Benno versteht von Autos fast so viel – oder auch ebenso viel wie ich.“

„Keine Ausreden, Fremde dürfen hier nicht rein.“

„Geh, Benno. Schade.“

Franz sagte nichts mehr. Er zeigte auch kein schlechtes Gewissen. Er schwieg einfach.

Herr Breithorst ärgerte sich. Plötzlich fehlte ihm der Widerspruch, die Gegenrede. Er knurrte noch einiges vor sich hin, aber Franz war schon wieder in die Abschmiergrube geklettert. –

Als die beiden Herren über den Hof zu den Büros gingen, lachte Herr Berger plötzlich vor sich hin.

„Nun?“

„Mich wundert es, daß Franz sein Paradekunststück nicht vorgeführt hat, um Ihr Herz für seinen Benno weich zu machen.“

„Und das wäre . . .?“

„Er kann auf den Händen laufen.“

„Tatsächlich?“

„Ja. – Ach, die Wohnwagenrabauken, Herr Breithorst, die haben's in sich. Einer so'ne Marke wie der andere.“

„Da habe ich wohl dem armen Kumpel unrecht getan, der so betrippt abzog.“

„Wahrscheinlich. – Ein feiner Kerl, der Benno. Ein kleiner Erfinder.“

„Und das sagen Sie jetzt?“

„Sie sollen die Jungen selber kennenlernen. Das macht mehr Spaß.“

Als Direktor Berger zwanzig Minuten später das Ingenieur-Büro verließ, hörte er von draußen, von der Straße her, Stimmen. Das waren doch . . . er stutzte, lauschte, nickte. Dann ging er leise ins Haus zurück und kehrte mit Breithorst gleich darauf zurück. Leise begaben sie sich zu dem kleinen Pförtnerhäuschen neben dem Werktor, winkten dem Pförtner, still zu bleiben, und lauschten dem, was sie von draußen hörten.

„Franz?“ flüsterte Breithorst. – Der Direktor nickte.

„Und . . .?“

„Benno und Hannes, der draußen wartete.“

Die drei Stimmen waren erregt, heftig, versuchten manchmal, sich gegenseitig zu übertönen. Ab und zu zischten sie auch, aber dann vergaßen die drei draußen anscheinend, wo sie waren, und redeten oder schrien aufeinander ein –

„Sag's doch offen: Du willst nicht."

„Nein."

„Du willst nichts mehr von uns wissen."

„Quatsch."

„Du hast dich aufhetzen lassen, Benno."

„Das ist gelogen."

„So. Dann sag doch, warum du nicht mehr kommst. Oder bist du zu feige?"

„Es war ja immer sehr schön mit deinem Wagen . . .!"

„Laß ihn doch, Benno, – wir haben dem Hannes nichts getan. Wir brauchen uns nicht zu entschuldigen."

„Das nennt ihr Kameradschaft. Pfui Teufel."

„Ach, Hannes, sei doch vernünftig. Sieh mal, der Franz kann in seinen Ferien vielleicht in einem Fernlaster der Firma mitfahren. Vielleicht nimmt ihn auch der Chef im Porsche mal mit."

„Ist das der Grund?"

„Vielleicht. Wäre das ein Verbrechen?"

„Also der Wohnwagen ist dem Herrn nicht mehr gut genug?"

„Na, sag doch selbst, wenn du ihn so ansiehst. Haben die anderen nicht recht . . .?"

„Womit?"

„Laß doch, Franz."

„Kneif nicht. Was sagen die anderen?"

„Daß der Wohnwagen –"

Hannes' Stimme war ganz leise, sie klang unheimlich: „Was . . .?"

„Nun – daß er – daß er eine alte Schaukelkiste ist. Ein 2-PS-Karton, sagen sie."

„Und du glaubst das? Das hast du dir sagen lassen?"

„Na, haben die nicht recht? Heutzutage, wo man mit 150 Sachen durch die Gegend braust, wackeln wir mit zwei Gäulen langsam durch die Landschaft. Das sind doch Kindereien." –

Ingenieur Breithorst und Direktor Berger sahen sich bedeutungsvoll an. Draußen war's ein paar Augenblicke ganz still. Dann sprach Hannes wieder, wohl mit Mühe, seine Stimme klang gepreßt und bebend.

„So. Da braucht also nur irgend so ein Fatzke mit einer schnittigen Limousine angerauscht zu kommen, und dann können wir euch alle den Buckel runter rutschen?"

„Ist denn ein Auto etwas Schlechtes?"

„Soll ich vielleicht alle Motoren für Dreck halten, weil du zufällig einen Pferdewagen hast?"

„Ja, ist denn Technik etwas Schlechtes?"

„Nicht wahr, der tut, als seien alle Autos vom Teufel erfunden."

„Findest du vielleicht deinen alten Wohnwagen schöner als einen neuen Mercedes oder einen Opel Kapitän?“

„Versucht doch nicht, eure Gemeinheit hinter schönen Ausreden zu verstecken.“

„Gemein nennst du das?“

„Ja, wenn ihr's ganz genau wissen wollt: Schuftig, ganz hundsgemein.“

Breithorst sah fragend auf Direktor Berger. Jetzt würde es draußen wohl gleich zu einer ernsten Schlägerei kommen. Aber da hörten sie Schritte, sonst nichts. Einer war gegangen. Sicherlich Hannes.

„Mir reicht's“, hörten sie Franzens Stimme, „komm, Benno.“

Wortlos trotteten sie los. –

„Ist das nicht fabelhaft?“ sagte Direktor Berger.

„Fabelhaft nennen Sie das?“

„Die machen sich's nicht leicht. Wer hat denn recht nach Ihrer Meinung?“

„Fragen Sie das im Ernst?“

„Völlig ernst. Seitdem ich die Burschen kenne, habe ich sie ernst genommen. Und entdeckte doch immer wieder, daß ich sie noch ernster nehmen muß.“

„Donnerwetter. Ich glaube, von Ihnen kann ich noch manches lernen.“

Der Direktor wurde wieder heiter: „Ich habe ja meinen eignen Jungen bei der Rasselbande. Den haben die erst zum

Manne gemacht. Jawohl. Und mein Freund Paulchen ist auch dabei."

„Ihr – Ihr Freund?"

„Ja, Paulchen Dahlke. Kennen Sie *den* noch nicht?"

„Nein."

„Na, mein Lieber, dann haben Sie aber etwas verpaßt."

Der Geheimplan

Bei Familie Dahlke roch es in der ganzen Dreieinhalb-Zimmer-Wohnung nach Öl und Backen und Eierkuchen. Hochrot stand Mutter Dahlke am Herd und war eben dabei, neuen Teig in die Pfanne zu gießen. Auf dem abgeschabten Sofa der Wohnküche saß breit und stattlich Vater Dahlke. Er hatte für diese „Arbeit" die Bahneruniform ausgezogen und die Hemdsärmel hochgestreift. Die beiden kleinen Mädchen naschten abwechselnd aus der Kompottschüssel, und Paulchen knöpfte sich eben den obersten Knopf am Hosenbund auf, da er nach dem sechsten Eierkuchen eine gewisse Platze-Angst bekam.

„Mutter", sagte er dann in seiner langsam-faulen Art, „Mutter, brauchst du dein Kochbuch immer?"

„Nein. Warum denn?"

„Na, das ist gut."

„Verstehe nicht."

„Ja, ich auch nicht alles."

„Mutti, Paulchen spinnt wieder."

„Ihr Mädchen seid doof. Was wißt ihr denn von meinen Sorgen."

Vater Dahlke lachte. „Du armer Junge. So schwere Sorgen. Willst dir wohl aus dem Kochbuch Trost anlesen, was?"

„Nein, Vater. – Aber das Fingerspitzengefühl allein genügt auch nicht."

„Nun mach es nur nicht so spannend."

„Gerade nicht. Sonst war es jedesmal spannend, wenn wir auf Fahrt kochten. Da wußten wir nie sicher, was am Schluß daraus werden würde. Statt Pudding gab's Suppe und statt Salzkartoffeln Röstkartoffeln."

„Röst . . .?"

„Nun ja, angebrannt waren sie."

„Ach, und da willst du nun Mutters Kochbuch mitnehmen und nach Vorschrift kochen."

„Kannst es haben, Paulchen."

„Mutter, das Buch bekommst du nie wieder aus der Zigeunerkutsche. Und ich habe dir's damals zur Hochzeit geschenkt."

„Ja, Vater, da dachtest du, daß ich nicht kochen könnte. Hattest wohl Angst?"

Paulchen blätterte in dem Buch. „Weißt du, Mutter, da sind immer so viele komische Ausdrücke. Ich glaube, bis ich die verstanden habe, ist das Essen schon verschimmelt."

Alle lachten, aber Paulchen verteidigte sich würdevoll: „Hier, hört her. Versteht ihr das? ‚In steigender Butter verrührt man einige Löffel Senf', oder hier: ‚Man wäscht große, mehlige Kartoffeln, trocknet sie mit einem Tuche ab und wirft sie in heißes Fett.' – Ich weiß noch, wie damals alle geschimpft haben, als ich auch Kartoffeln in den Topf geworfen habe und es so spritzte. Beinahe hätte ich Dresche bezogen."

„Da hätte es fast noch Rollschinken gegeben."

Paulchen überhörte Vaters Neckerei und las weiter. „Und hier: Was sind gewiegte Kapern? Kinder wiegt man, aber Kapern? – Oder hier Gänsebraten."

„Habt i h r doch nicht, du Angeber."

„Wer weiß. Bei uns gibt's immer Überraschungen."

„Das glaube ich dir aufs Wort."

„Da ist die Gans plötzlich nur eine Krähe."

„Also hier steht", Paulchen ließ nicht locker, ‚man bratet sie unter fleißigem Begießen drei Stunden lang', da läuft doch die Pfanne über. Drei Stunden gießen? Womit denn? Mit einer Gießkanne?"

„Vielleicht mit dem Gartenschlauch?"

„I h r blamiert euch nicht. Aber ich. Alles so unklar, zum Beispiel hier: Der Schinken soll eine halbe Stunde wallen – wohin denn? – und vier Stunden, Mutter, soll er kochen. Bis dahin haben die mir den zehnmal aus dem Topfe geklaut."

„Falls du ihn nicht selbst weggekostet hast."

„Komm, Paulchen, und koste erst mal von den frischen Eierkuchen – Probieren geht über Studieren."

*

Wilhelm stand am Fenster von Lauterbergers Mietswohnung hoch oben im vierten Stock. Er wartete auf Hannes, der nach der bescheidenen Abendmahlzeit noch einmal weggegangen war. Komisch: Er hatte ihn, den Wilhelm, nicht mitgenommen, hatte ihn, heute am Wiedersehensabend, allein gelassen. Wilhelm sah die Straße hinab, aber vor seinem inneren Auge geschahen ganz andere Dinge: Er sah sich nachts um die Felsenhöhle im Gebirgswald schleichen, in der die Wohnwagenjungen nächtigten. Er schlich, tastete, lauschte, kletterte, kroch – bis der gellende Schrei Nikis die Nachtstille zerriß. Der hatte seinen Schatten im Höhlendunkel für einen Verbrecher oder Geist gehalten. Er hatte beim eiligen Abstieg noch vor sich hingelacht.

Und wie er ihnen dann einen Wimpel nach dem anderen vom Wagendach geraubt hatte. Immer wieder hatte er sie getäuscht, überlistet – bis er bei der Flucht vom Rade gestürzt war – ach, es dröhnte ihm jetzt noch in allen Knochen, wenn er daran dachte. Franz hatte sich sofort wütend über ihn geworfen und sich gewundert, daß Wilhelm sich nicht wehrte. Damals hatte, so seltsam das schien, ihre Freundschaft begonnen. – Mit einem nach dem anderen. Wer war ihm eigentlich der liebste? –

Und nun sollte er mit Hannes gegen Franz halten? Dann bist du sein treuester Freund, flüsterte ihm eine innere Stimme zu. Nein, das wäre gemein Franz und Benno gegenüber. Also unentschieden abwarten? Nein, das wär' feige. Und außerdem hatte er sich so auf die Fahrt gefreut, und nun gab es hier Zank und Streit. (Er ahnte nicht, daß indessen der schwere Zusammenstoß zwischen den Kameraden alles noch weiter verschlimmert hatte!)

Da kam Hannes. Wilhelm pfiff ihren Wohnwagenpfiff – die ersten Takte ihres schönen Wohnwagenliedes! – Aber Hannes nickte ihm nur mißmutig zu. Als er oben ankam, verschwand er bald ins Bett. So lagen sie denn beide und warteten. Ein paarmal begann Wilhelm eine Unterhaltung, aber Hannes ging nicht darauf ein.

Schließlich mußte Wilhelm doch eingenickt sein. Er wurde wach, wußte erst nicht, wo er war, und hörte irgendeine Tür gehen. Er ließ die Taschenlampe kurz aufleuchten, Hannes' Bett war leer. Mit einem Sprung war Wilhelm am Fenster. Die Juninacht war ziemlich hell und lau. Jetzt tauchte unten eine Gestalt auf – Hannes! – er lugte nach oben, rannte dann eilig los.

Nun war Wilhelm in seinem Element. Schuhe, Lederhose, Sporthemd. Fertig. Leise auf den Flur. Hinaus – nein, halt. Das war die Küchentür. So – jetzt war's richtig. Treppe hinab. Und noch mal. Und noch mal. Wenn nur die Tür unten offen ist. Ja – das war gut. Und nun Tempo, Tempo! An den Hauswänden entlang. Leise, daß es nicht hallte. Zu nah durfte er dem Verfolgten nicht kommen, um sich nicht zu verraten, zu weit aber auch nicht zurückbleiben, um nicht bei einer unerwarteten Wegbiegung Hannes aus den Augen zu verlieren.

Der rennt zum Bauhof. Zum Wohnwagen. Was will er da? Und jetzt bei Nacht? Schneller, schneller – der hat ein gutes Tempo am Leibe, alle Achtung. – Jetzt ist er verschwunden. Spurlos. Verflixt, bin ich denn blind? Schlaf' ich denn? Weg, wie von der Erde verschluckt. Dort liegt der Bauhof, das Tor, die Werkgebäude – aber kein Hannes ist zu sehen. –

Dort kommt ein Mann. Ein Schlüsselbund klappert. Wach- und Schließdienst. Besser, ich verschwinde. Aber umkehren – nein, das kommt nicht in Frage. Vielleicht gibt es einen Seiteneingang oder – natürlich! – einen Zaun, eine Wand! Wilhelm sucht, guckt, rennt zurück. Ja, dort: Ein schmales Gäßchen, eine langgestreckte Mauer. Beim zweiten Versuch gelingt es ihm, sich hochzuziehen. Er springt hinab, schaut umher, huscht in Richtung Wohnwagen über den weiten Hof, auf dem Holzstapel und Ziegelhaufen als dunkle Schattenklumpen sichtbar werden. –

Da – ein Krachen. Laut, überlaut in der Nacht, noch einmal, noch einmal. Da zerschlägt jemand etwas. Deutlich hört Wilhelm, wie etwas Hartes, Stählernes zerbricht. – Im nächsten Augenblick reißt er die Tür des Wohnwagens auf: „Hannes!"

Im dunklen Wagen fährt eine Gestalt zusammen, den Hammer noch in der Hand, starrt sie auf Wilhelm – wendet sich dann; fast sieht es aus, als wolle der da drin noch einmal losschlagen, aber dann läßt er plötzlich den Hammer fallen, bumms – krach: da liegt er. Und schwer, wie aus einem Traum erwacht, läßt sich Hannes nun auf die Wandbank fallen.

Wilhelm sieht vor dem Wagen Reste der zerschlagenen Dachantenne liegen, er steigt ein, sagt nichts, räumt vorsichtig, soweit er's erkennen kann, drinnen die Reste des zerschla-

genen Kochgestells beiseite und setzt sich dann behutsam neben Hannes. Sie reden nicht. Es ist nun ganz still. – Das Gestell aus Stahllatten, denkt Wilhelm, hat voriges Jahr Franz für den Wohnwagen in der Werkstatt eigenhändig angefertigt. Gut, daß das Geheimfach nicht auch noch dran glauben mußte.

Hannes fühlt sich todunglücklich. Alles widert ihn an. Es

gibt nichts Schönes mehr. Alles ist Unsinn, Gemeinheit, Verrat! Und sein Liebstes, der Wohnwagen, liegt voll Trümmer. Ob man sich nach dem Abbrennen des Wagens auch so elend und verlassen und bis ins Innerste enttäuscht vorkommen wird wie jetzt?

„Hannes“, sagt Wilhelm leise. „Es ist doch gut, daß ich heute gekommen bin.“

Hannes antwortet nichts. Auf wen soll man sich noch verlassen, wenn die besten Freunde einen so niederträchtig behandeln?

Aber Wilhelm läßt nicht locker. Er denkt an jene Zeit, da auch er sich von aller Welt verraten glaubte. „Weißt du“, beginnt er leise, „was mich damals, als ich euch kennenlernte, am meisten geärgert hätte? Wenn ich nicht gewußt hätte, wo ihr hingefahren seid.“

Es ist nicht zu erkennen, ob Hannes zuhört. Er stiert dumpf vor sich hin.

„Drum müssen wir auch plötzlich, ganz plötzlich fort sein. Und keiner darf wissen, wohin wir sind.“

Jetzt lauscht Hannes. Er überlegt. Wilhelm macht mit Absicht den eigenen Plan etwas schlecht, damit Hannes leichter anbeißen kann. „Freilich“, sagt er, „es wird bei euch kaum möglich sein, heimlich wie ein Detektiv zu verschwinden. Da gehört allerhand Verstellungskunst und Verschwiegenheit dazu und die – na, aber es wär' ja schön. Denk dir, diese Gesichter . . .“

Hannes lacht fast. Er hat sich vorgestellt, wie diese beiden Autofimmler plötzlich entdecken, daß alles ohne sie geschieht. Alles. Jawohl, das ist die gerechte Strafe! Er fährt fast verächtlich den armen Wilhelm an: „Du glaubst wohl nicht, daß wir dichthalten können? Aber bestimmt. Sogar dem Paulchen, diesem Lexikon, werd' ich den Mund stopfen."

Wilhelm freut sich. Er grinst dankbar und will gerade die Stahltrümmer ordentlich wegräumen, da pocht es laut an die Tür, und eine Stimme ertönt: „Was haben Sie da drin zu suchen. Kommen Sie sofort raus." Und gleichzeitig läßt sich ein heiseres Hundeknurren vernehmen.

„Jetzt werden wir verhaftet, Hannes."

„Ich bin's", Hannes ist schon am Fenster und beruhigt den Nachtwächter.

„Nun hört doch alles auf. Um ½12 Uhr noch im Wagen hocken. Ich dachte schon, es seien Diebe."

„Nein", lacht Wilhelm, „es ist nichts geklaut, nur alles kurz und klein geschlagen."

„Ach, ihr wollt mich wohl verklapsen."

Hannes guckt etwas verlegen zur Seite. Der Hund aber knurrt von neuem. „Komm, Hannes, dieser Halblöwe hat Appetit auf meinen Hosenboden, komm, sonst frühstückt der mich noch."

So ziehen sie heimwärts. Und alles, was sie besprechen und planen, dreht sich um den einen neuen, großen, tröstlichen und ach, so phantastischen Plan: Den Geheimplan ihrer heimlichen Abfahrt.

„Denen hinterherlaufen ist Unsinn. Aber die Neugier, die treibt sie auf die höchste Palme."

„Hast recht, Wilhelm. – Aber du, da müssen wir doch alles auch heimlich rüsten, alles, und so tun, als führen wir nun gar nicht."

„Kapiert. Genau so. Wenn wir das fertigbringen, dann ..." Das Weitere verschluckt Wilhelm. „Dann kommen die sicher nach", hat er sagen wollen. Denn ohne die beiden – ohne Benno und Franz – wäre doch alles nur halb so schön. Aber soll er jetzt dem Hannes noch verraten, daß er gar nicht Rache, sondern Versöhnung will? Ach, gar – das wird er noch zeitig genug merken. –

Die Witwe Friebe staunte: Ihr Sohn Wuz, ihr Einziger, hatte seit jeher ihr alles erzählt. Jetzt aber zeigte er eine seltsame Geheimnistuerei, wurde ab und zu ungeduldig oder verlegen, und ein paarmal hatte er mit seinen Wohnwagenfreunden, die ihn besuchten, verstohlen geflüstert, als sei sie eine Fremde oder ein Spion.

„Was ist nur mit dir?"

„Gar nichts, Mutter."

Traurig schüttelte sie den Kopf. – Wuz war froh, daß es gerade dreimal schellte, das mußte einer vom Wohnwagen sein! Er lief schnell hinaus und kam mit Paulchen zurück.

„Tag, Paulchen, du wirst aber immer dicker."

„Und dabei habe ich täglich so viele Geschäftsgänge."

„Hast du denn neuerdings ein Geschäft?"

„Das nicht gerade. – Aber – hm – das ist leider mein Geschäftsgeheimnis."

„Warum wackelst du denn mit dem Bauch?" fragte ihn Wuz.

Paulchen tat ganz unschuldig. „Wackeln? Ich zittere vielleicht etwas von euren hundertsiebzig Treppenstufen. Fühl mal."

Wuz griff an Paulchens Brust. Da schrie auch schon die arme Witwe Friebe laut auf und ließ die Schere klirrend fallen.

„Himmel! – Eine Ratte."

„Ach, Habakuk", lachte Wuz.

„Wer . . .?"

Paulchen zog seinen Goldhamster vor und begann ihn anzupreisen. Wie er gesittet esse, mit zwei Pfötchen. Wie er piepse, quieke und daß er am liebsten Brustwärme habe. In der Hosentasche fühle er sich auch wohl, und morgens dürfe er manchmal zu ihm, zu Paulchen, ins Bett. Auch da benehme er sich vorzüglich. Er werde mitreisen.

„Wohin?" fragte Frau Friebe.

Wuz stieß von hinten Paulchen in die Rippen, der verzog das Gesicht und murmelte etwas von ‚aufs Land fahren, – gelegentlich oder so . . .'

Dann hatte er es eilig, mit Wuz loszuziehen. –

„Du verrätst noch alles, du Döskopp", schimpfte Wuz auf der Treppe.

„Wenn man so viel im Kopf haben muß wie ich . . ." Und nun stellte Paulchen seine Verdienste ins rechte Licht: Er habe mit Hannes und Wilhelm den Wagen geschmiert. Da sei der Pflegevater von Niki und Franz, der Platzmeister Mummelmann, gekommen, und sie hätten nur mit List und Tücke den Wagenheber noch rechtzeitig beiseite geschafft. Nur gut, daß gerade alle Räder am Wagen waren, zwei Minuten später und . . . Ja, ja, es sei nicht einfach, solche Geheimhaltung! – Am schlimmsten sei es mit den Pferden. Da müsse man doch dem Direktor Berger alles anvertrauen. Aber der sei ja sein Freund, zwischen ihnen beiden herrsche Diskretion (Paulchen ärgerte sich, daß Wuz das schöne Fremdwort auch kannte).

Ob er, der Wuz, denn auch schon alle Klamotten heimlich gerüstet habe. Und wo er sie versteckt halte?

Alle? Er habe doch gar nicht viel. Und ein Teil liege noch in Mutters Flickkorb, und wenn er aus dem Schrank die Sachen herausnehme, sei das Fach ganz leer, und Mutter merke es. Das sei schwer und ekelhaft, der Mutter gegenüber etwas verheimlichen zu müssen.

„Hm", erwiderte Paulchen, er wisse auch nicht sicher, ob seine Eltern nicht doch schon den Braten röchen. Je heimlicher er sei, desto neugieriger würden die Schwestern. So neugierig wie Schwestern seien nicht einmal alte Ziegen. Sie witterten und spionierten und guckten und lauerten und wühlten heimlich überall nach. Wenn er nicht mit energischer Hand zugegriffen hätte ... Aber leider petzten die beiden Kichersusen dann.

Ob man in den Geheimplan nicht doch auch die Eltern einweihen könne, fragte Wuz.

Paulchen schwankte noch. Im Wohnwagen berieten sie dann alle darüber. In einem waren sie einig: Die große Überraschung m u ß t e gelingen. Franz und Benno sollten dastehen wie Geächtete. Ausgestoßen, vergessen, einfach weggelassen. Aber würden die Erwachsenen dichthalten?

Wilhelm, der Elternlose, warnte. Das Verheimlichen sei doch nicht so schlimm, sie seien doch keine Babys mehr.

Niki war nicht anwesend, ihm hatte man den Geheimplan noch gar nicht mitgeteilt. Sollten sie ihn so lange damit quälen? Womöglich tat ihm Franz, sein Bruder, dann doch noch leid, und alles war umsonst. Nein, Niki mußten sie ganz zuletzt einweihen und überrumpeln. Einfach mitnehmen.

„Vielleicht entführen?" lachte Wilhelm.

„Aber er muß sich doch von Direktor Berger Urlaub geben lassen."

Ach, das war ärgerlich. Genau so schwierig wie die Beschaffung von Pferden.

Paulchen tat gnädig: „Da muß ich mich eben wieder aufopfern. Werde hingehen. Der Direktor kann den Mund halten."

„Ach“, rief Joli, „dann kann ich dem Vater ja schon alles verraten.“ Er war ganz erleichtert. Überall machte die Geheimnistuerei Spaß, nur nicht daheim. Er hatte auch schon allerlei Sachen – Decken, Wäsche, Schuhe, Kochzeug, – in den Wagen gebracht, war wie ein Dieb damit aus dem Haus geschlüpft, aber die Mutter hatte nach einigem schon gefragt, und er war nur knapp an Notlügen vorbeigekommen.

Auch hatte er bei Vater immer das Gefühl, man könne ihm gar nichts verbergen, er wisse doch alles.

Man beschloß also, der Direktor dürfe in ihr Geheimnis eingeweiht werden, aber Joli oder Paulchen sollten ihn bitten, nichts, aber auch gar nichts weiterzuerzählen.

„Vergiß nicht, um den Hafer für die Pferde zu bitten.“ –

„Und dann müssen wir noch etwas Geld von jedem haben. Rückstrahler und eine Wagenlaterne brauchen wir neu.“

„Ist denn eigentlich die kleine schadhafte Stelle im Dach ausgebessert, die ihr beim Teeren gefunden habt?“

„Auch noch nicht.“

„Hast du, Hannes, die Straßenkarte gekauft? Wir hatten die alte von Bennos Vater voriges Jahr. – Der Ofen muß auch noch mal gereinigt werden, das Rohr ist ganz verrußt.“

„Es wäre auch schön, wenn wir noch einen Kochtopf mehr hätten“, schlug Paulchen vor.

„Und wieviel Zeltbahnen bekommen wir im ganzen zusammen? Daß wir auch noch eine Ausweichmöglichkeit haben.“ –

Ach, es waren in wenigen Tagen ebensoviel Fragen noch zu klären, wie sie wenig Geld hatten. Und weil erst alle an der Fahrt gezweifelt hatten, war nicht früh genug mit all diesen Vorbereitungen begonnen worden. – Nun also ging's erst ans Geldeinsammeln.

Ach, Wuz brauchte sein erspartes Geld nötig, um Malzeug für die Fahrt zu kaufen. Denn wenn er nicht malen konnte, fühlte er sich nicht wohl. Auch wollte er der Mutter noch etwas dazugeben, wenn sie ihm den heißersehnten Anorak kaufen würde. Sie wartete noch auf die Auszahlung ihrer monatlichen Rente.

Joli, der mehr Taschengeld als die anderen hatte, wollte Filme für seine kleine Box kaufen. „Acht bis zehn Filme", behauptete Paulchen, „so viel brauchen wir unbedingt."

„Wir?"

„Ja. Du läßt mich doch auch einmal, ich mach' dir Aufnahmen, Joli – da staunst du."

„Das glaube ich", grinste Wilhelm.

„Klappe. Du wirst froh sein, wenn ich dich überhaupt mal knipse. Meist wähl' ich lohnendere Motive."

Hannes aber wußte, wie schwer es der Mutter wurde, ihm für mehrere Wochen Geld und Lebensmittel mitzugeben. So hatte er ihr schon früher versichert, er brauche wirklich nicht viel und reiche gut mit dem, was er mit Zeitungsaustragen und kleinen Gelegenheitsarbeiten verdient hatte.

Und Paulchen hatte sowieso nie Geld. –

Auch des Geldes und der Verpflegung wegen sei es nötig, den Eltern von ihrem Plane zu erzählen, begann Wuz noch einmal. So einigten sie sich schließlich, den Eltern auf großes Ehrenwort noch am selben Abend ihr Geheimnis anzuvertrauen.

Allerdings kam es bei Joli nicht mehr dazu. Direktor Berger überholte das heimwärts wandernde Paulchen, trat die Bremse, hielt und ließ ihn zusteigen.

„Schön, daß wir uns wieder mal sehen."

„Ganz meinerseits, Herr Direktor."

„Du bist ja heut so ernst, Paulchen, jetzt – vor Ferienbeginn?"

„Ach ja", seufzte Paulchen. „Die geheimen Sorgen sind die schwersten."

Direktor Berger tat ganz ahnungslos: „Aber, Paulchen, du hast doch deine Kameraden, den Hannes und – und den Franz und die anderen."

„Hm!" – „Nanu – das klingt ja recht wehleidig."

„Ach, Herr Direktor, Sie kennen die Menschen noch nicht."

„So? – Sind die so schlecht?"

„Das vielleicht nicht einmal. Die ganze Zeit ist auch mit schuld."

„Paulchen, das ist zu hoch für mich."

„Heutzutage ist Technik die große Masche. Und alles andere soll Blödsinn sein."

Direktor Berger tat immer noch ganz ahnungslos: „Aber Technik ist doch etwas Schönes, – gefällt dir's nicht in meinem Wagen? Na, siehst du! Würde dir's nicht Spaß machen, so glatt und schnell und elegant durch Deutschland zu fahren? – Also bitte. Was schimpfst du dann?"

Paulchen wurde unsicher und deshalb ärgerlich über sich selbst.

„Ach, so schön ist das Autofahren auch wieder nicht."

Direktor Berger nahm das Gas weg. „Falls du aussteigen willst, Paulchen. Schade."

„Nein, Herr Direktor, ich wollte mit Ihnen noch einiges erörtern."

„Etwa deine *geheimen Sorgen,* Paulchen?"

„Gewissermaßen: Ja. Darf ich Sie um Direktion bitten."

„Wahrscheinlich meinst du: Diskretion?"

„Ach ja, so heißt's." (Ausgerechnet hier mußte ihm das blöde Wort danebengehen!)

„Natürlich, Paulchen. Ich fürchte nur, nun werde ich auch bald anfangen zu seufzen. Also was ist los?"

„Herr Direktor, – in drei Tagen sind wir vom Erdboden verschwunden."

„Du meine Güte!"

„Aber das ist sehr schwierig."

Der Direktor lachte: „Das kann ich mir vorstellen."

„Wohl nicht ganz. Wir müssen s p u r l o s verschwinden."

„Das ist bei deinem Umfang wirklich nicht ganz einfach, Paulchen."

„Ach, Herr Direktor, früher haben Sie mich nicht soviel verklapst. Sie wollen uns wohl nicht helfen?"

„Aber freilich. Nur bin ich kein Zauberer. Was soll ich tun?"

„Also –", Paulchen setzte sich bequem und begann, indem er seine Aufträge an den Fingern zusammenzählte: „Also erstens den Werk-Nachtwächter bestechen."

„Wie? Na, hör mal. Ich soll meinen Nachtwächter bestechen?"

„Ja, aber richtig. Der darf nichts sehen und muß in seinem Budikchen bleiben. Und zweitens: . . ."

„Zweitens soll ich wohl bei mir selbst einbrechen, was?"

„Keine Angst, Herr Direktor, – Sie sollen nur Martin, den Pferdeknecht, beruhigen, wenn der am nächsten Morgen kommt und meldet, daß zwei Pferde gestohlen sind."

„Aha. Nachtigall, ich hör' dich trampsen! Kaspar und Kathrine sollen also gestohlen werden."

„Entliehen, Herr Direktor, Sie haben uns die Schimmel für unsere Fahrten versprochen . . ."

„Und weiter?"

„Als nächster wird Vater Mummelmann ankommen und melden, daß der Niki bei Nacht ausgerissen ist, und vielleicht hat er dann auch schon entdeckt, daß der Wohnwagen fehlt."

Direktor Berger tat zum drittenmal unschuldig und

ahnungslos: „Und den Franz wird er natürlich auch vermissen, nicht wahr – Paulchen . . .?“

Schweigen.

„Warum wirst du denn rot?“

„Vorsicht! Vorfahrt achten.“

„Danke bestens“, Direktor Berger lächelte. Sieh da, alter Fuchs, dachte er, willst wohl Zeit gewinnen. Und als Paulchen schwieg, fragte er mit einem kleinen Seitenblick:

„Wäre das denn alles, was ich nach eurem Geheimplan zu tun hätte?“

„Ja. Das heißt: Nein. Da wäre noch . . . Aber das ist eine dumme Sache . . . Pferde ohne Hafer sind wie Ihr Mercedes ohne Sprit, Herr Direktor.“

„Aber ich kann doch nicht bei Nacht und Nebel dem Martin meinen eigenen Hafer aus der Futterkiste holen.“

„Also bloß Gras vom Wegesrand als Futter. Da seh’ ich schwarz. Ich glaube, dann bringen wir Kaspar und Kathrine als Kleiderständer wieder.“

„So weit kommt es. Diese Prachtpferde. Nein, nein. Da wollen wir lieber diesen Hafer hier nehmen, einverstanden, Paulchen?“

Der Direktor griff in die Rocktasche und fingerte geschickt einen Geldschein hervor.

„Wunderschöner Hafer“, nickte Paulchen hoch befriedigt. „Ich wußte doch, daß Sie einen Ausweg finden würden.“

Der Direktor gab wieder Gas und sagte so ganz nebenbei:

„Da muß ich wohl meinem Freund, dem Ingenieur Breithorst, einen Wink geben, daß er rechtzeitig auch euren Franz beurlaubt?"

Paulchens gute Stimmung verflog. Verlegen guckte er den Direktor an. Wußte der etwas? Aber der sah ganz harmlos aus.

„Ich denke", antwortete Paulchen, wieder etwas sicherer, „ich denke, das wird nicht mehr nötig sein."

Direktor Berger machte ein undurchdringliches Gesicht, und Paulchen war froh, als er kurz darauf hielt, um ihn aussteigen zu lassen.

„Schönen Dank fürs Mitnehmen. – Dürfen wir auf Sie rechnen?"

„Gut, ja. Wenn ich nur nichts falsch mache."

„Sie werden's schon schaffen, Herr Direktor. Und nichts verraten."

„So wie du", lachte der Direktor, und schon rauschte der Mercedes davon.

Paulchen kratzte sich an seinem Strubbelkopf. Wie war das zu verstehen? – Dann aber beschloß er, daß er ein sehr ergiebiges Gespräch geführt habe.

*

Niki hatte sich von allen zurückgehalten. So allein war er seit Jahr und Tag nicht gewesen. Selbst damals nach der Mutter Tode war immer Franz da, der rührend für ihn gesorgt hatte. Aber nun hatte er sich mit Franz überworfen, und vor Hannes und den anderen schämte er sich des Bruders wegen. Sollte er denen vielleicht die Reisevorfreude nehmen und erzählen, was Franz vom Wohnwagen gesagt hatte? Nein, auf keinen Fall!

So war er all die Tage still und traurig und verschlossen in die Werkstatt gegangen und später als sonst zurückgekehrt, um den Bruder nicht in der Mummelmannschen Wohnung anzutreffen.

„Ich glaube, der Niki ist krank“, hatte die gute Mutter Mummelmann schon ganz besorgt zu ihrem Manne gesagt und Niki früh zu Bett geschickt. Er war gern gegangen. Das hatte er noch nie erlebt, daß Franz und er nicht zusammen sprachen. –

Am Freitagabend aber war Joli plötzlich da und zog ihn aus dem Flur, wo er ihn abgepaßt hatte, rasch ins Dunkel des Treppenhauses.

„Was ist denn?“

„Pst. Komm.“

Und auf einmal stand da noch jemand: Hannes.

„Ach du . . .?“

„Pst!“

„Was wollt ihr denn?“

Eine Hand legte sich auf seine Schultern.

„Du, Wilhelm . . .?“

„Hm. Schnell, komm.“

Sie zogen ihn in den Hof hinaus und von da in einen offenstehenden Schuppen.

Als die drei ihn so umstanden, tauchte auch Paulchen auf. Außer Atem. Er hatte wieder einmal mit den anderen nicht Schritt halten können, weil er so dick war. Und dann legten sie los:

„Niki, – hältst du uns die Treue?"

„Wie . . .?"

„Niki, jetzt kannst du zeigen, ob du unser Freund bist."

„Niki, heut nacht mußt du ausreißen . . ."

„Ausreißen? Ihr seid wohl verrückt geworden."

„Wir fahren."

„Pst, schrei doch nicht so, Wilhelm."

„Also, hör gut zu: Morgen früh um vier fahren wir ab."

„Heimlich. Ganz heimlich. Kommst du mit?"

„Aber . . ."

„Kein Aber. Alles geklärt. Mit Urlaub und Wagen und Chef, alles. – Kommst du?"

Niki sah von einem zum anderen. Er zögerte. Er dachte an den Bruder. Durfte er ihm das antun? Die Kameraden standen wie Verschworene um ihn herum. Aber hier bleiben? Verlassen, ausgestoßen, wie ein Geächteter?

Joli legte mitleidig die Hand auf seine Schultern, Hannes aber pfiff ganz leise die ersten Takte des Wohnwagenliedes.

„Und die beiden anderen . . .?" fragte Niki leise.

„Besser ausreißen als nachlaufen", sagte Wilhelm schnell,

59

ehe Hannes böse werden konnte, dann beugte er sich zu Niki herab und flüsterte leise: „Vielleicht kommen sie nach, die beiden."

Dankbar nickte dieser: „Ich werde kommen. Hoffentlich kann ich einiges von meinen Sachen noch mitnehmen, ohne daß Franz es merkt."

„Um vier! Tschüs."

Sie schlugen ihm auf die Schulter und witschten dann einzeln, vorsichtig, leise aus dem Schuppen. Als Niki als letzter ins Haus ging, waren schon alle in der Dunkelheit verschwunden. –

*

In dieser Nacht schliefen sie alle schlecht oder kaum. Bei Wuz war's am schlimmsten: Die Witwe Friebe hatte keinen Wecker, und so bemühten sie sich beide, es ja nicht zu verschlafen, und sahen hundertmal in dieser Nacht auf die Uhr und waren todmüde und endlich am Einschlafen, als die Uhr drei zeigte und Wuz aufstehen mußte. –

„Laß dich nicht verhaften", meinte Vater Dahlke, als Paulchen beladen mit den letzten noch nötigen Dingen um halb vier Uhr aufbrach. „Die Polizei hält dich womöglich für einen Einbrecher."

„Ah, das wär' spannend", grinste Paulchen über alle Sommersprossen und zog gähnend, aber glücklich von dannen. –

Niki sah noch einmal auf den schlafenden Bruder, als er, schon mit Decke, Wäschebündel, Rucksack, Schuhen und seinem alten Regenmantel beladen – in Strümpfen – fluchtbereitstand. Jetzt lächelte Franz im Schlaf sogar und bewegte sich. Rasch schlich sich Niki davon und schloß schweren Herzens die Tür. – Als er schon auf der Treppe war, fiel ihm etwas ein. Er wühlte in seiner Hosentasche, fand das Gesuchte, schlich sich zurück und schrieb mit dem Kreidestummel aus der Hosentasche an die Tür:

„Auf Wiedersehen!"

Der Wohnwagen siegt

Gibt es etwas Schöneres als Aufbruch zur Großfahrt? – Die Nacht war kurz, der Schlaf schlecht, man hat sich natürlich kaum (wahrscheinlich gar nicht) gewaschen, die Aufregung der letzten Tage steckt noch in einem drin –, obgleich es Sommer ist, hat man doch ein bißchen gefröstelt, wie man so durch den Morgendämmer zum Wagen kam, – aber all das ist nun überwunden! Hat man wirklich schon zwei Fahrten mit dem Wagen gemacht, und konnte all das Schöne so ganz wieder vergessen sein?

Der Wagen rollt, der Wagen rattert, er schaukelt auch wieder wie einst, und vor allem: Er ist mit einem Schlage wieder Mittelpunkt geworden. Er ist der Mittelpunkt der Welt, und sie sitzen mitten drin und oben drauf. Die Glocke fängt ab und zu an, bei Schlaglöchern oder Kopfpflaster, zu läuten, die Wimpel versuchen, ob sie nicht doch ein klein wenig schon flattern können in dem ersten lauen Morgenlüftchen, die Töpfe tanzen drin im Kochschränkchen, und einer klirrt neben dem Ofen, so als wolle er erinnern, daß Essen auch nötig sei. Aber noch haben sie keinen Hunger, diese sechs aus dem Wohnwagen, noch genießen sie die große, herrliche Freude: Es geht los! Wir fahren! Noch mehr: Wir starten heimlich, wir verschwinden vom Erdboden. Ahoi! Jawohl, Herrschaften, ihr liegt noch in euren warmen Betten, ihr schnarcht noch unter euren weichen Steppdecken, aber wir können losfahren. Wohin wir wollen! Und da ist es wieder da, wie neu, und doch voller Erinnerungen, und will gesungen sein, – oder lieber gepfiffen, daß man nicht unnötig auffällt, will gesummt und geschunkelt, am liebsten aber möchte es geschmettert werden: Das liebe, alte, schöne Wohnwagenlied!

Wir halten zusammen wie Pech und Teer.
Nun paßt in den Wagen keiner mehr.
Und so ziehen wir singend durch Wald und Feld.
Wohin, Kameraden? – Wo's uns gefällt!
Ahoi! Ahoi!
Unser Glück ist auf vier Räder gestellt
und jeden lieben Morgen neu.
Ahoi, Kameraden, ahoi!

Hannes zwar denkt: Wie Pech und Teer? Na, das stimmt nicht ganz. Fast will in seine Abfahrtsfreude wieder Ärger und Mißmut kommen, aber es ist, als könne Niki seine Gedanken lesen, er flüstert ihm leise zu: „Zwei passen schon noch in den Wagen, was?" – Hannes zieht die Stirn kraus, er antwortet nicht. –

Nun bleiben die letzten Häuser zurück. Und während der Wohnwagen in das weite, sommerliche Land hinausrollt, geht die Sonne auf hinter den grünen Hügeln im Osten, und auf einmal ist die ganze Welt verändert, hell, frisch, strahlend, als sei sie gerade entstanden. Unwillkürlich treibt Wilhelm die beiden Schimmel an, die ehrliche Kathrine und den guten, lustigen Kaspar (Wilhelm hat das Kutschieren erst einmal übernommen, weil er es in der Landwirtschaft gelernt hat). Nun klappert nicht nur der Topf, sondern noch manches andere, und es zeigt sich, wo man in der Eile zu schlecht gepackt hat. – Eine Mundharmonika ertönt; die Gardinen und die Wimpel wehen. Die beiden Pferde finden Spaß am Traben, und der Wagen zeigt, daß er noch lange nicht zum alten Eisen gehört.

Sie wechseln – das ist am Anfang immer so – vor Freude und Reiselust dauernd die Plätze: Hocken auf den Seitenbänken oder auf dem wackligen Hocker, auf dem Kutschbock oder gar auf dem Dache oder – auch das ist gemütlich – im Türrahmen hinten. Dabei kann man die Beine herausbaumeln lassen und muß nur achtgeben, bei einem schlimmen Schlagloch nicht herauszufallen. –

Nur eine ist natürlich nicht im Wagen: Kille, die alte, ehrliche Kille-Kille, ihr Wagenhund. Eigentlich sind sie ihr jetzt alle ähnlich: Sie ist ganz aus dem Häuschen. Sie kullert herum, rast weit voran und kommt zurückgeflitzt, springt den Pferden um die Beine, aber die kennen sie schon und regen sich nicht mehr auf. Ab und zu springt Kille hinten in die Wagentür, macht eine Runde im Wagen, auch auf die Bänke, beschnuppert alles von Tisch bis Topf und hüpft im nächsten Augenblick schon wieder durch die kleine, extra in die Rückwand eingesägte Hundeöffnung hinaus. Fort ist sie. Dann atmet Habakuk auf, der sich noch gar nicht an Kille gewöhnen kann. Wenn er sie nur hört oder wittert, huscht er ängstlich zu einem der Jungen, am liebsten freilich zu seinem Herrn und Gebieter, zu Paulchen, um sich in dessen Hemd oder Pullover zu verkriechen. – Aber auch Joli wird bald gut Freund mit Habakuk. Er denkt wehmütig an die kleine weiße Katze Kulle und an ihren frühen, plötzlichen Tod auf ihrer ersten Großfahrt. – Gut, daß er nun wieder ein Tier hat, das schutzbedürftig ist. „Komm, Habakuk, komm. – Willst du ein bißchen an meinem Finger nuckeln? Ja, das schmeckt gut." –

Radio haben sie diesmal nicht. Der uralte Apparat von Paulchen ist schon längst kaputt, und die Dachantenne ist zerschlagen. Aber das ist nicht schlimm. Es gibt ja jeden Augenblick etwas anderes zu sehen. In den ersten Tagen werden sie das Radio sicher nicht vermissen. Vor allem ihr altes, das ab und zu wie eine sterbende Giraffe ächzte und röchelte oder wie ein Hirsch röhrte oder stöhnte wie einer, der Messer verschluckt hat. –

Die Mundharmonika dagegen ist Trumpf. Sie geht von Mund zu Mund. Bei einem klingt's schön, der andere liefert reichlich viel falsche Töne, und beim dritten sind die Melodien gerade noch zu erkennen. Aber die Kameraden singen dennoch mit. Oben auf dem Bock, auf dem Dach zwischen den Wimpeln und laut und schallend zu den Fenstern hinaus.

Natürlich ist es Paulchen, der als erster vom Essen redet.

„Ich müßte mich sehr irren", sagt er in seiner langsam-würdevollen Art, „wenn jetzt nicht ein solides Frühstück unserem Magen guttäte."

„Mann, du redest ja wie ein Dichter. Sag doch einfach: Ich hab' Kohldampf."

„Wer kocht denn?" fragt Wuz.

„Immer der fragt. – In zwanzig Minuten ist gedeckt, mein Lieber."

„Gib nicht so wüst an, Wilhelm, sonst verarbeite ich dich zu Gabelbissen, das wird dann ein fettes Frühstück."

„Vom Schlachten versteh' ich mehr als du."

„Also", entscheidet Hannes, der Wagenvater, „da ihr euch so ausgezeichnet vertragt, macht ihr das Frühstück zusammen. Aber herzhaft und kräftig; wir haben alle eine kurze Nacht hinter uns und noch eine weite Fahrtstrecke heute vor uns."

„Ja eben, wir müssen in den ersten Tagen so weit wie nur möglich, daß die beiden anderen uns nicht gleich finden."

„Meinst du, die kommen wirklich nach . . .?"

„Ich käme bestimmt."

„Ja du, Joli, – aber d i e . . ."

Keiner nennt die beiden Namen. Aber alle denken nun wieder an sie. – Schließlich sagt Wilhelm: „Ja, aber wenn sie uns wirklich nachkämen, müßten wir doch auf Draht sein und unseren Fahrtweg besonders schwierig machen und künstlich verheimlichen."

„Also anrufen", bemerkt Paulchen.

„Wen – wo?"

„Vielleicht auf dem Bauhof. Platzmeisterkontor."

„Und fragen, ob die noch da sind?"

„Ja. Aber heute noch nicht."

„Los", befiehlt Hannes, „macht erst mal das Frühstück. Niki, kommst du mit in den Wald, – du links von der Straße, ich rechts. Vielleicht finden wir ein paar Walderdbeeren als Beigabe."

Kaspar wiehert. Wilhelm knallt lustig mit der Peitsche. Er kann es gut. Ein richtiges kleines Peitschenkonzert gibt er, und Joli zieht an der Glocke. So vertreiben sie rasch alle traurigen Gedanken.

*

Benno hatte die letzten Tage ein schlechtes Gewissen gehabt. Aber zu Kreuze kriechen wollte er auch nicht. Nein! Doch immer, wenn er an Hannes dachte, fühlte er sich in der eigenen Haut plötzlich recht unbehaglich. Bis ihm schließlich nachts ein guter Einfall gekommen war: Mit Wilhelm hatte er sich letztes Jahr besonders gut verstanden, der war neben Franz wohl sportlich der Geschickteste und Härteste. Ja. Wilhelm wollte er bitten, daß er diese ganze dumme Sache aus der Welt schaffte. Das wäre doch gelacht, wenn das nicht klappte!

So war Benno früh am Morgen, gleich nach seinen Gelegenheitsarbeiten für den Kolonialwarenhändler nebenan, losgezogen. (Leider hatte die Großmutter immer noch keine Lehrstelle für ihn gefunden, und Franz hatte ihm auch noch nicht zu einer Stelle in Herrn Breithorsts Firma verhelfen können.)

Frau Lauterberger, Hannes' Mutter, öffnete. In der Wohnküche stand Vater Lauterberger und wollte grad zur Arbeit aufbrechen.

„Guten Morgen. Schlafen Hannes und Wilhelm noch?"

Die beiden Lauterbergers sahen ihn seltsam an, guckten sich an, noch einmal ihn, forschend und etwas verlegen, wie es schien, und endlich knurrte er etwas.

„Wie bitte?"

„Sie schlafen nicht mehr."

„Wo sind sie denn hin?"

Achselzucken. Keine Antwort. Benno sah sich in der Wohnküche um. In der Ecke stand Killes Freßnapf. Den Hund hatten sie sicher mitgenommen.

„Schade. – Wann kommen sie denn wieder?"

„Wissen wir nicht."

Frau Lauterberger machte sich sehr eifrig am Küchenschrank zu schaffen. Herr Lauterberger aber blickte jetzt streng, fast böse auf ihn. Benno verabschiedete sich. Die hatten aber schlechte Laune!

Erst unterwegs kam ihm der Gedanke, bei Wuz vorbei zu

gehen. Der hatte heute den zweiten Ferientag, sicherlich schlief er noch.

Frau Friebe öffnete und erschrak vor ihm. Komisch: Waren denn heute alle Leute verhext? Die arme Mutter Friebe wurde sogar rot. Sie schämte sich, daß sie jetzt vielleicht sogar lügen mußte, weil sie Wuz versprochen hatte, auf keinen Fall vom Wohnwagen und seiner neusten Fahrt etwas zu erzählen. Sie tat, als Benno sich nun höflich erkundigte, das Dümmste: „Nein, nein", wehrte sie ab, „ich darf gar nichts von der Fahrt erzählen."

„Fahrt . . .?" – „Ach je . . ."

Sie wurde noch röter und murmelte irgend etwas Unverständliches und drückte, fast sich entschuldigend, dem verdutzten Benno noch einen Apfel in die Hand, ehe sie rasch die Tür schloß. –

Wie ein Jäger, der den ersten knackenden Ast unter dem Fuß des Wildes hört, stand Benno draußen im Hausflur. Schreck, Zorn, Neugier – alles schoß in ihm auf und wirbelte durch seinen Kopf. Waren die anderen etwa . . . Hatten sie es gewagt . . .? Brauchte man ihn und Franz wirklich nicht mehr? Fahrt? Fahrt! – „Darf nichts erzählen?" Aha, eine weitreichende, ausgeklügelte Verschwörung. Auch die alten Lauterbergers hatten darum gewußt. Die würden nicht schlecht über seine Dummheit gelacht haben! Und er machte noch harmlose Besuche.

„Ich Schaf, ich Döskopp, ich blöder!" beschimpfte er sich.

Aber es saß noch tiefer. Immer wieder durchzuckte ihn der eine Gedanke: Du bist abgemeldet, dich brauchen sie nicht mehr. Es geht ohne dich. Weg sind sie. Ohne ein Wort zu verlieren. Und alle – alle hatten dichtgehalten. Geächtet war man! Und Franz? Ob sie auch Niki mitgeächtet hatten, der doch treu zu Hannes gehalten? Das mußte er wissen. Sofort.

Zu dritt – mit Franz und Niki – war das Ausgestoßensein nicht so schlimm. Sie würden es den anderen zeigen, daß man sie so nicht behandeln dürfe.

Benno raste durch den Morgen. Atemlos, bald keuchend, obgleich er ein guter Sportler war, aber er lief ein verrücktes Tempo und schlängelte sich rücksichtslos und tollkühn durch den Straßenverkehr. Hupen, Schimpfen, Bremsen – weiter, los, noch fünfhundert Meter. Dort ist bereits das Haus, in dem Mummelmanns, die Pflegeeltern der Zwillinge, wohnen. – Nun wird sich's zeigen. „Franz! Fra-anz! Fra-anz!"

Da ein Gesicht am Fenster. Ängstlich, verweint, schreckhaft: die alte Mutter Mummelmann.

„Ach, du bist's nur?"

„Ja. Was dachten Sie denn?"

Mit Mühe schluckt die alte Frau die Tränen hinunter: „Ich hoffte, es wär der – der Niki."

„Ist der fort?"

Die Frau nickt. Nun weint sie doch wieder. Ja, der Niki sei verschwunden. Ihr Mann und Franz suchten schon. Franz sei ganz elend vor Sorge. Wenn dem Niki nun etwas zustoße ...

„Sind die beiden zum Bauhof?"

Die Frau nickt wieder, trocknet ihre Augen mit der Schürze. Benno aber stürzt los. Noch schneller als zuvor. Er vergißt, der alten Frau zu sagen, daß die anderen wahrscheinlich auch fort seien, sicherlich mit dem Wohnwagen. Er rast und hetzt, – warum eigentlich? Jetzt hat er doch Gewißheit. Sogar Niki hat den Bruder im Stich gelassen. Sogar das haben sie erreicht und geschickt verschwiegen. Scham und Zorn und Wut und Neid und – er weiß nicht, was noch alles – erfüllen ihn. Los, schnell, weiter! Auch wenn es keinen Sinn mehr hat, das Jagen. Aber Benno meint, er müsse sonst platzen, wenn er nicht rennt, bis ihm das Herz wie rasend gegen die Rippen pocht.

*

Sonne! Liebe, gute, wärmende Sonne. Ach, du kitzelst so lustig an der Nase. Wenn man tief einatmet – zweimal, dreimal, noch einmal, dann kommt das herrliche Niesen, eine Explosion in den blauen Himmel hinein, und der ganze Mensch fühlt sich gleich wie neu geboren.

Niki und Joli lagen im Grase. Der Wagen stand zehn Meter weiter im Schatten zweier Kastanien. Sie hatten ihre erste Rast gemacht und gefrühstückt. Warum schmeckte es eigentlich unterwegs tausendmal besser als daheim? Hannes, der Wagenvater, hatte sie alle verdächtigt, seit drei Tagen gehungert zu haben, um ihm nun das letzte Haar vom Kopf zu essen, aber dann hatte es ihm selbst – das ließ sich nicht verheimlichen – so gut geschmeckt, daß er eine Zulage, ein weiteres Brot für jeden, bewilligt hatte. Und der Kaffee war so heiß, daß man gar nicht zum Schmecken kam und ihn herrlich fand. – Ja, und nun kam eine kleine Verdauungspause (Wilhelm wollte für die Pferde auch etwas Ruhe haben), und dann sollte es weitergehen. – Komisch, so ging es ihnen jedesmal: War man erst unterwegs, dann wußte man nie, was schöner war – das Weiterfahren oder das Rasten. An wieviel schönen Plätzen rollte man vorbei und malte sich aus, wie gerne man da einmal einen Tag verbrächte. Aber rasteten sie dann, so genügte ein Blick auf die nächste Biegung der Landstraße, um wieder von Unruhe und Reiselust ergriffen zu werden. –

Niki blinzelte in die Sonne. „Sag mal, Joli, was hat denn dein Vater eigentlich gesagt, als du ihm unseren Geheimplan verraten hast?"

„Er wußte es schon."

„Nanu! War er böse?

„Nein. ‚Verschwiegenheit ist gut', hat er gesagt. Aber er könne auch schweigen. Ob ich's nicht das nächste Mal mit ihm versuchen wolle."

„Großartig. – Es muß doch schön sein, einen Vater zu haben."

Joli weiß gar nicht recht, wie er dem Freund helfen soll. Da kommt ihm grad noch ein guter Gedanke. „Übrigens, Niki, weißt du, was Vater gesagt hat? – ‚Seht zu, daß ihr nur bald die Zwillinge wieder zusammenbringt, die haben nur sich'."

„Aber woher wußte er denn, daß ich mit Franz böse bin?"

„Vater weiß alles."

„Und hat auch an uns gedacht."

„Freut's dich?"

„Hm! – Hoffentlich kommt er bald."

„Wer – der Vater?"

„Nein. Franz."

„Du, die anderen wollen unseren Weg absichtlich verheimlichen und falsche Fahrtrichtung vortäuschen. Sollen wir das lieber lassen?"

„Hm, vielleicht. Aber weißt du, je schwerer es ist, um so sicherer kommt der Franz." – Hannes pfiff. Wuz rief. Sie wollten weiter. –

*

„Das ist mir noch nicht vorgekommen", sagte zur gleichen Zeit Platzmeister Mummelmann. „Erfahre kein Sterbenswörtchen. Und bei Nacht und Nebel verschwindet ein Wagen hier vom Hofe."

Er knurrte und schimpfte und raunzte. Aber im Grunde seines Herzens war er doch erleichtert: Der Niki war nicht allein fort, war gut aufgehoben. Blieb also nur diese verdammte Heimlichtuerei! Warum denn eigentlich?

Franz stand neben ihm und starrte auf die Stelle, wo der Wohnwagen sonst gestanden. Auch er hatte furchtbare Angst ausgestanden, als der Bruder verschwunden war, und Vorwürfe und Reue hatten ihm die Kehle und das Herz eingepreßt, als er vorhin mit Vater Mummelmann zum Bauhof geeilt war. Nun aber packte ihn eine zornige Entrüstung. Beleidigt und verraten hatten sie ihn. Und das erste Mal in sei-

nem Leben war er von seinem Bruder betrogen worden. Ja, betrogen, sagte er noch einmal, um jede Entschuldigung für Niki zurückzudrängen.

„Du mußt wohl nun schleunigst in deine Werkstatt, Franz. Sag deinem Werkmeister nur, er möchte entschuldigen, daß du zu spät kommst. Klar?"

Franz nickte. Dann zog er los. Er war mit sich und der Welt verfeindet. Nichts wollte ihm mehr Spaß machen. Lächerlich kam er sich vor. Übers Ohr gehauen. Dumm, blind, dämlich nannte er sich, aber davon wurde nichts besser.

„Au!" schrie er.

Mit voller Wuchte war gerade am Toreingang Benno auf ihn geprallt und hatte ihn hart gegen die Wand geworfen.

Nun hatte er endlich jemand, an dem er seinen Zorn auslassen konnte.

„Du alter Blödian", fauchte er ihn an.

„Franz, ist der Wohnwagen noch da?"

„Schmeißt einen hier gegen den Zement wie ein Wahnsinniger."

„Nun sag doch: Ist der Wagen noch da . . .?"

„Nein!" schrie Franz.

*

„Das Kutschieren ist gar nicht schwer“, stellte Paulchen fest. Er saß behäbig auf dem Kutschbock, seine O-Beine gegen das Fußbrett gestemmt, und hielt krampfhaft die Leine fest.

„Die Pferde laufen doch, wo sie hin sollen“, grinste Wilhelm, der bäuchlings auf dem Dache lag und auf Paulchens Kopf herabsah.

„Gib nicht an, als ob du allein etwas von Pferden verstehst.“

„Vorsichtig, junger Mann, sonst spuck’ ich dir mal auf die Glatze.“

„Dann laß ich die Pferde durchgehen.“

„Bitte schön.“ Und nun begann Wilhelm mit Schnalzen und Rufen die Schimmel anzufeuern, und tatsächlich – sie fielen in Trab und versuchten trotz der Schwere des Wagens, eine kleine Strecke zu traben. Eine kleine . . . Aber das genügte, Paulchen in Todesangst zu versetzen. Drin im Wagen klirrte es, einige lachten, riefen, auf dem Dache schrie und schnalzte Wilhelm. Jetzt hatte er auch noch die Peitsche erwischt und knallte ganz barbarisch, und die Schimmel wurden immer munterer, frecher, die Leine zerrte und riß, Paulchen hielt sich krampfhaft und entsetzt daran fest, klammerte sich daran, fühlte sich aber vom Sitz gehoben. Du meine Güte, er hatte doch nur zwei Hände zum Festhalten. Und dazu der Peitschenwirbel. Jetzt auch noch ein Schlagloch. Au, – rums! Weiter.

„So hör doch auf, Wilhelm, – Wilhelm!“ Gut, daß Hannes

aus dem Wagen sprang und sich Paulchens erbarmte. „Hör auf, Wilhelm, der fährt uns sonst den ganzen Wagen zu Klump."

Schweißtriefend gab Paulchen die Zügel aus zitternden Händen. Als der Wagen hielt, stieg er schnell vom Bock. Er war froh, daß die andern überm Schwatzen und Lachen nicht merkten, wie er schnell im Unterholz des Waldes verschwand. Der Schreck war ihm zu tief in den Magen gefahren.

*

An diesem Tage glückte Franz gar nichts. Der Werkmeister schimpfte, Herr Breithorst war ungnädig, weil der Werkmeister von dem „unpünktlichen Lümmel", dem Franz, berichtet hatte; der Vormittag schien endlos, und zu allem übrigen Ärger schlug er sich mit dem Hammer kräftig auf den linken Daumen. Der Gedanke an Vater Mummelmanns vorwurfsvollen Blick reizte ihn ebenso wie die Vorstellung, daß Niki nun gemütlich im Wohnwagen durch den Sommer rolle – und Bennos Ankündigung, er erwarte ihn abends am Werktor, ärgerte ihn auch. Was sollten sie denn zusammen? Sich gegenseitig erzählen, wie blöde so eine Wohnwagenfahrt sei? –

Zur gleichen Zeit, da Franz so grimmig seine Arbeit tat und sich über alles und jedes ärgerte, rasselte bei Ingenieur Breithorst das Telefon wieder einmal.

„Breithorst."

„Hier spricht Berger."

„Morgen, Herr Direktor."

„Danke gleichfalls. – Sagen Sie, Herr Breithorst, hat sich Ihr Franz, Ihr Porschepfleger, bei Ihnen schon um Urlaub bemüht?"

„Nein. Wieso?"

„Nun, falls er deshalb ankommt, lassen Sie ihn doch bitte erst etwas zappeln."

Und nun erzählte der Direktor, was er wußte, und erinnerte an den abendlichen Streit, den sie beide belauscht hatten.

„Aha, verstehe. Jawohl. Stelle mich taub. Werde von dem – wie hatten die Burschen den Wohnwagen genannt . . .?"

„Margarinekarton, Seifenkiste."

„Ja, werde von dem ‚Karton' ganz verächtlich reden. Auf das Gesicht von Franz bin ich gespannt."

„Hätten Sie nicht auch Lust?"

„Wie? Wozu?"

„Mitzufahren? Früh um vier los? Oder hinterher!"

„Wenn ich Sie so höre, Herr Direktor, fehlt nicht mehr viel, und ich geb' mir selbst zuerst Urlaub."

Lachend verabschiedeten sie sich.

*

„Ich hab's raus!" schrie Benno von weitem schon, als Franz kurz nach fünf aus dem Werktor trat.

„So? Meinetwegen."

Benno stand verdutzt. „Was hast du denn? Kiekst ja wie eine vergiftete Ratte."

„Ach, laß mich."

„Nun dann nicht. – Aber einfach war's nicht. Erst an der fünften Stelle hat es geklappt."

Franz tat gelangweilt, aber er war nun doch neugierig geworden. Er murmelte etwas von ‚ausgeheckt' und ‚Blödsinn' und ‚schieß los, meinethalben'.

Ja also, er, Benno, sei auf den verschiedenen großen Straßen, die zur Stadt hinausführten, bis zum Stadtrand gefahren und habe dort bei Tankstellen sich erkundigt, ob ein Wohnwagen vorübergefahren sei. Die hätten doch alle Nachtdienst, und bei der fünften Tankstelle habe es geklappt: Um halb fünf etwa sei so ein komischer grüner Wagen mit Schimmeln davor vorbeigefahren. Nun wisse er also ungefähr die Richtung. Ob Franz morgen früh mitkommen wolle?

„Wohin?"

„Die Spur verfolgen."

„Erstens habe ich Dienst, und zweitens hast du einen ganz niedlichen Vogel."

„Die brauchen doch gar nichts von uns zu sehen. Machen wir's wie Wilhelm voriges Jahr. Irgendeinen Schabernack. – Weit können sie noch nicht sein."

„Ich lauf' dem Kasten doch nicht nach."

Benno zögerte, überlegte. „Weißt du, Franz, es geht ja nur darum, daß wir ihnen zeigen: Uns könnt ihr nicht übers Ohr schlagen. Uns nicht."

Franz überlegte. So unrecht war das nicht.

„Werd' morgen früh mal um Urlaub fragen. Aber heute war dicke Luft."

„Ärgerlich. Wir verlieren kostbare Zeit."

„Ich kann's nicht ändern. Heute geht alles schief. Verflixt noch mal!"

*

Nun kutschiert Hannes. Und drinnen im Wagen singen sie zum vierten oder fünften Male das Wohnwagenlied. Es ist schon Nachmittag. Sehr heiß scheint die Sonne noch. Kaspar und Kathrine schlagen mit den Schweifen nach den Mücken und Schnaken. Hannes hat sein Hemd ausgezogen und sitzt in seiner kurzen – zu kurzen – Lederhose und sonnt sich und freut sich und genießt still für sich all das Schöne. Und diesen Wagen hat er verbrennen wollen? In diesem Wagen hat er vor wenigen Tagen mit dem Hammer gewütet? Nur gut, daß der Wagen immer wieder recht behält. Er vermag mehr als sie alle zusammen. Komisch, daß er selbst sogar an ihm gezweifelt hat.

Etwas Feuchtes berührt sein Schulterblatt. „Nanu ...?"

Paulchen lacht von drinnen: „Habakuk wollte dir nur mal ‚Guten Tag' sagen."

„Ach so, – hat Kille sich an ihn gewöhnt?"

„Ich glaube fast, seitdem Habakuk seine erste Pfütze in den Wagen gesetzt hat, ist er bei Kille besser angeschrieben."

Hannes kann nicht mehr antworten. Unwillkürlich zieht er die Zügel an, und der Wagen kommt langsam zum Stehen. Donnerwetter!

Und als die anderen nun neugierig an die Fenster drängen oder zur Hintertür rausspringen, begreifen sie Hannes' Staunen auch: Die Straße hat eine scharfe Biegung gemacht, und nun tut sich vor ihnen ein herrlicher Anblick auf. Von der sandhellen Straße senkt sich das Gelände zu einem kleinen, schmalen Tal, saftgrün und von Blumen überwuchert. Eine Halde ist von Fingerhut ganz rot. Baumstümpfe und Himbeergesträuch stehen dazwischen. Ringsum fast eingeschlossen von Wäldern, lockt dies einsam-stille Tal aber vor allem mit dem schmalen, bläulich glänzenden Bache, der es in vielerlei Windungen, auftauchend und sich versteckend, durchzieht. Man meint in der grellen Hitze des Tages den feuchtkühlen Duft des Wassers zu spüren. Alle denken das gleiche: Ja – hier bleiben wir.

Erster Lagerplatz! Erste Besitznahme! Glückliches Entdekken und Erobern! Kille ist ganz aufgeregt. Sie weiß gar nicht, wen sie zuerst begleiten soll.

Sie schreien sich gegenseitig ihre Entdeckungen zu, rufen,

winken und lachen. Und dann – nach der ersten stürmischen Freude – entbrennt wieder der Streit um den günstigsten Lagerplatz. Jeder hat natürlich die beste Stelle dafür ausfindig gemacht und preist sie an und versucht, durch Lautstärke die anderen Vorschläge aus dem Felde zu schlagen. Es soll soviel wie möglich beisammen sein: Wasser, Wald, fester, befahrbarer Boden und guter Ausblick. Hannes setzt sich schließlich durch, schon weil die anderen es eilig haben, sich endlich ins Wasser zu stürzen. Der Wagen liegt voll von Hemden, Socken und Hosen. Und nun flitzen Wuz und Niki los und Joli hinterher und – an ihnen allen vorüber und in ihrer Freude sich halbtot kläffend – Kille. Dann klatscht und spritzt es ein-, zwei-, dreimal. Ooh! Wasser, kühles, fließendes, belebendes Wasser. Sie prusten, tauchen, spritzen, schreien, kraulen, machen Handstand im Wasser, verfolgen sich, kreischen und toben, und überall Wasser, Wasser, Wasser! Herrlich! Nun sind sie restlos glücklich. Hannes hat inzwischen mit Wilhelm den Wagen aufgebaut, die Pferde ausgespannt, und nun rast er mit Wilhelm auch los, Paulchen bleibt als Wagenwächter. Er läßt Habakuk im Grase herumschnuppern und genießt inbrünstig das Faulsein.

*

Nachts um elf wurde Franz ruckartig wach. Einer hatte ihn gerufen. Das war doch Nikis Stimme? Sonst hatte Franz einen

Schlaf wie ein Bär, und man hätte ihn eher stehlen als wecken können. Aber heute war das ganze leere Zimmer wie verhext. Schon das Zubettgehen war ärgerlich und ungewohnt gewesen. Immer stand in der Ecke Nikis Bett und reizte ihn. Wie ein ständiger Vorwurf stand es da.

Jetzt nun stand Franz am niedrigen Schlafkammerfenster und guckte auf die nächtliche Straße. Niemand zu sehen. Ach, alles war verrückt und dumm und ging schief. Enttäuscht und mißmutig tappte Franz wieder zu seinem schmalen, harten Bett, hockte sich drauf und starrte auf die großen Abbildungen der verschiedenen Kraftwagen drüben an der Wand. Aber auch die gefielen ihm heute nicht. Rasch löschte er das Licht und rollte sich schnaufend vor Ärger in seine Wolldecke. –

Zur gleichen Stunde wachte auch Niki auf. War das ein Traum? Silberne Helle glänzte rings umher. Und Quaken ertönte, breit und laut. Nun erst begriff Niki: Die Wohnwagentür stand weit offen. Auf den Bänken lagen Hannes und Wuz, auf dem Fußboden neben ihm schlief Joli. Und das Mondlicht ließ alles so verzaubert erscheinen; das hatte ihn wohl auch geweckt. Vorsichtig, um Joli nicht zu wecken, richtete Niki sich auf. Eine weißliche, dünne Nebelschicht schwamm weiter unten auf der sich flußwärts senkenden Wiese. In das vielstimmige Froschgequake mischten sich Schnarchtöne, das war sicherlich Wilhelm oder vielleicht Paulchen, die draußen im Dreieckszelt nächtigten. Und wo lag eigentlich Franz? Es dauerte ein Weilchen, bis Niki begriff . . . Ach, weder draußen noch drin. Auf einmal fühlte sich Niki in der silbernen Sommernacht ganz verlassen. Er sah ihre kleine Schlafkammer daheim vor sich und kam sich gemein vor, daß er den Bruder heimlich verlassen hatte.

„Ja, das machen wir", ertönte da Wuzens Stimme, er sprach im Schlaf und seltsam fremd und lachte im Traum leise dazu. Und aus Killes Ecke antworteten kleine, helle Schlaftöne.

Niki lag noch lange wach, die Arme unter dem Kopf, und wartete. Worauf eigentlich? –

Verwischte Spuren, heimliche Winke und verflixter Zickzack

Ein Telefongespräch hatten sie geführt! Neugier und Ungewißheit sind stärker gewesen als die Sparsamkeit. Und einen guten Zweck hat das Ferngespräch auch noch erfüllt. Niki ist nun wieder fröhlicher. Sie haben nämlich nach erregtem Hin und Her, wen sie anrufen sollten, wer am verschwiegensten sei, sich doch für Vater Mummelmann entschieden. Niki hat in einem Dorfgasthaus telefoniert, und die anderen außer Wilhelm, der bei den Pferden geblieben ist, haben wie eine Traube an Niki gehangen und durch Flüstern und Gesten seine Antworten gelenkt.

Zwei große Freuden hat Niki erlebt: Vater Mummelmann ist ihm nicht mehr böse, und – ja, das hat nun doch wie eine Bombe eingeschlagen und alle aufgescheucht! –, und „die beiden", also Franz und Benno, sind bereits gestartet!

„Es kostet zuviel, häng ein!" hatte Hannes geflüstert.

„Frag, wohin sie gefahren sind", hatte Wuz gezischt. Niki hatte noch etwas gestottert. Und als letztes hatten er und die anderen, die krampfhaft mitzuhören versuchten, noch die undeutlichen Worte aufgefangen: „Die schaffen's schon, die haben gleich spioniert."

Hinterher, draußen am Wagen, hatten sie alle auf Wilhelm eingeschrien und durcheinander erzählt und berichtet.

„Also bleibt nur eins: Weiter!"

„Jawohl. Los. Abmarsch."
„Und Richtung ändern."
„Und Spuren verwischen."
Komisch: Sie waren bemüht, den anderen so geschickt wie möglich auszureißen, aber im stillen wünschten sie sich alle, daß die beiden bald da wären. Wie das zusammenpasse, darüber sprachen sie nicht. –
Im nächsten Dorf hatten sie das Pech, daß gerade allerlei Kinder auf der Straße spielten, als sie an der Wegkreuzung ihren ‚Haken schlagen' wollten.
„Verflixt, das fängt gut an", schimpfte Wilhelm.
„Droh ihnen, daß sie nichts verraten."
„Quatsch, dann tun sie's gerade."
„Laßt mich machen", sagte Paulchen würdig und stieg umständlich aus. „Läute", befahl er.
Joli zog die Glocke. Schnell kamen die Dorfkinder herbei.
„Wir wollen ein Geschäft mit euch machen."
„Häh . . .?" – „Was?"
Paulchen erklärte. Die Dorfkinder sollten ihnen helfen, sich vor Verfolgern zu retten. Jawohl, zwei Feinde kämen ihnen nach. Auf Rädern. – Wenn die fragten, sollten sie alle den anderen Weg zeigen, nicht den richtigen, den sie jetzt weiterführen. Verstanden?
„Was habt ihr denn getan?" – „Nichts."
Die Kinder guckten neugierig. Auch in den Wagen hinein. Vielleicht vermuteten sie darin einen Gefangenen.

„Ist das denn ein Geschäft?“ fragte ein kleiner Knirps.

„Kriegen wir was?“ rief ein anderer.

„Jawohl: Drei Überraschungen“, Paulchen stand feierlich da, als könne er jederzeit Wunder tun. Den anderen Wohnwagenjungen war's nicht ganz wohl dabei. Wilhelm hätte diese kleinen, ‚frechen Rotznasen‘ lieber verhauen statt beschenkt. – Und woher sollten sie ‚Überraschungen' nehmen. – Aber Paulchen wandte sich lässig:

„Gib mal meinen Apparat, Joli."

„Deinen? Du meinst wohl meinen."

„Ja, wie du meinst. – Danke schön. – Los, stellt euch auf, ihr werdet alle fotografiert."

Großes Hallo, lebhaftes Drängen und Stoßen. Kampf um die besten Plätze.

„Zurück, geht doch zurück. So bekomme ich nur einen Bauch in die Linse. – Und du mit deinem klebrigen Marmeladengesicht, du stellst dich zuhinterst."

Als es klickte, wollten sie noch mehr. Aber Paulchen war unerbittlich. Er war sich zwar nicht sicher, ob die Köpfe alle drauf gekommen waren, doch das bekümmerte ihn nicht sehr. – Als nächste Überraschung mußte Niki auf den Händen laufen. Er tat es ungern und nur auf Zureden, auch nicht lange, aber es reichte, die Hochachtung der Dorfjugend zu gewinnen. Als dann schon alles fahrtbereit war, ließ Paulchen seine letzte Überraschung los.

„Ach", stöhnte er plötzlich und krümmte sich ächzend, „ich habe gestern eine Ratte verschluckt, die wühlt mir im Leib. Wer hilft mir bloß?"

Einige lachten und grinsten. Andere sahen zweifelnd auf Paulchens seltsam dicken Bauch.

Joli begriff. „Soll ich dich massieren, armes Paulchen?"

„Ja, bitte", nickte Paulchen mit trauriger Miene. Joli rieb

und strich ihm den Leib, und im nächsten Augenblick bewegte sich der Bauch, ja, wirklich, bewegte sich. Schreie wurden laut. Einige der Zuschauer wichen zurück, andere drängten vor – aber da fuhr auch schon oben aus dem Hemd ein rattenähnlicher Kopf – Paulchen griff zu, atmete auf, hielt Habakuk hoch und sprang rasch in den Wagen. Der fuhr an. Wuz läutete. Alle winkten.

„Schnauze halten, sonst passiert euch etwas!" drohte Wilhelm vom Kutschbock. Paulchen aber winkte den nachdrängenden Kindern mit Habakuk aus dem Fenster und rief immer wieder: „Vergeßt unser Geschäft nicht! Vergeßt unser Geschäft nicht!"

Hätten sie sich bis zum Lebensende dem Dorf ins Gedächtnis schreiben wollen, sie hätten es nicht besser anfangen können. –

*

Es geht aber auch eigenartig zu: Wenn man nicht gesehen werden will, meint man, jeder sehe besonders auf einen, und alles warte nur darauf, einen zu verraten.

Einmal waren sie an einer Straßenkreuzung in einem größeren Ort – warum mußten die blöden Kreuzungen auch immer in den Ortschaften liegen! – vor vielen Einwohnern, die um einen umgestürzten Heuwagen standen, in eine Seitenstraße eingebogen und hatten hinter dem Ort versucht, auf Feldwegen zurück zur Hauptstraße zu gelangen. Das war unendlich mühsam gewesen, Kaspar und Kathrine hatten es kaum geschafft. Die Jungen hatten alle mitgeschoben und waren schweißnaß, als sie die Chaussee wieder erreichten. Aber da war ein Schulmädel auf einem Rad vorbeigefahren, hatte wie eine Bekannte gewinkt und „Da seid ihr ja schon wieder!" gerufen.

Also alles für die Katz!

„Wenn man nur fernsehen könnte", sagten sie oft. So verfolgt zu werden und nichts, rein gar nichts von den Verfolgern zu wissen, das war richtig aufregend. Ob die beiden schon in der Nähe waren oder in ganz falscher Richtung unterwegs? Oder vielleicht an ihnen vorbeigesaust, während sie irgendwo rasteten? Oder – das war gar nicht auszudenken – oder wieder umgekehrt, böse und unverrichteter Sache? Aber dennoch sagte keiner etwas gegen ihre Zickzackfahrt und Geheimhaltung.

*

Benno und Franz waren wirklich schon am nächsten Tage, abends um achtzehn Uhr losgebraust, sie hatten es einfach nicht mehr ausgehalten; keine Nacht wollten sie mehr zu Hause hocken. Ingenieur Breithorst hatte zwar Franz lang und ohne Erbarmen zappeln lassen, ihn gewissermaßen im eigenen Saft weich gekocht. „Wohnwagen? Urlaub für euren alten, wackligen Zigeunerwagen? Für diesen alten Schaukelkarton? Nein. Ausgeschlossen." Franz hätte heulen können. Den ganzen Tag meinte er vor Wut und Ärger zu ersticken. Aber davon änderte sich nichts. Gegen Abend wagte er sich noch einmal ins Chefbüro. Aber Breithorst jagte ihn gleich raus, als er ihn sah. – Um 17 Uhr wartete Benno schon am Tor. „Essig", stieß Franz hervor, „alles Essig". In hilfloser Enttäuschung waren sie heimgetrottet. Da hatte es neben ihnen gehupt. Der Porsche vom Chef!

Breithorst guckte heraus: „Na, Franz, schlechte Laune?"

Wollte der sich noch über ihn lustig machen? Franz knurrte etwas vor sich hin.

„Bring doch den Brief noch zur Post. Er eilt. – Verstanden?" Und weiter fuhr der Porsche.

„So ein Unsinn", schimpfte Franz. Erst nach einigen Minuten sah er auf den Brief. Was? Seine eigene Anschrift prangte groß und deutlich darauf.

„Guck mal, Benno!"

Als sie den Brief öffneten, lagen ein Urlaubsschein und das Urlaubsgeld darin.

„Benno!" schrie Franz und boxte vor Freude so wild auf ihn ein, daß man meinte, es sei Ernst.

Eine Stunde später waren sie bereits unterwegs.

Und allerdings erst, als sie auf der abendlichen Landstraße aus vollen Kräften sich in die Pedale gelegt, erst als sie, einer den anderen zu immer höherem Tempo steigernd, in sausender Fahrt Kilometer auf Kilometer hinter sich gebracht hatten, erst da war ihnen klar geworden, daß das Schwierigste jetzt erst kam. Mit Tempo allein war hier nichts zu machen. Sie fuhren ja so gut wie ins Ungewisse. Da hatten sie an einer großen Wiese haltgemacht und einen der weichen, lockeren Heuhafen zum Nachtlager gewählt. Franz ließ sich hineinfallen: „Hier im Freien geht's, im Heuschober wär's lebensgefährlich."

„Wieso?"

„Der Heuduft betäubt, – das könnte bös enden."

Der Himmel, der Mond – unwahrscheinlich groß –, der Heugeruch, das Zirpen und Rascheln, die kleinen Glühwürmchen, das war tausendmal besser als Bett und Kammer und Wecker und Stadt und der ganze dumme Kram! – Wo mochten die anderen sein! Sie sahen jetzt sicherlich auch zu dem hellen Mond hinauf. Aber wartet: Wir finden euch!

„Gute Nacht", sagte Benno, schlaftrunken und mit dem seltsamen Gefühl, als ob er ganz körperlos sei: „Gute Nacht, Franz."

Aber der antwortete nicht. Er schlief schon.

*

Wer viel fragt, bekommt viele Antworten. Zwei Jungen auf Rädern? Ja, die seien hier vorbeigekommen. Der eine ganz blond? Genau – jawohl.

Mehr brauchten sie nicht zu wissen, meinten die Wohnwagenjungen. Natürlich fuhren sie an der Straßengabelung den anderen Weg, obgleich Niki fast sehnsüchtig in die Richtung sah, in der die beiden Radfahrer angeblich verschwunden waren. –

Ja, sie rissen den beiden aus und – warteten auf sie. Und je mehr sie glaubten, verfolgt zu werden, um so mehr Auskünfte erhielten sie auch. Gewiß, da hätten zwei nach dem Weg gefragt. – Ja, waren da nicht neulich zwei wie verteufelt hier durchgefahren? –

Aber so nah waren ihnen die Verfolger noch gar nicht. Zweimal hatten sie zurück gemußt. Niemand hatte einen Wohnwagen gesehen. Und es war ein halber Tag verstrichen, ehe sie endlich wieder eine Spur fanden. „Ja, – war das vorgestern eigentlich, als dieser komische Wagen hier durchkam?" Also hinterher!

Am nächsten Vormittag mehrten sich in den Dörfern die Aussagen über den Wohnwagen derartig, daß Benno und Franz schon frohlockten und sich gegenseitig ausmalten, wie überrascht und überrumpelt die anderen bei ihrer Ankunft sein würden. Die beiden steigerten ihr Tempo, bis schließlich in einem Dorf ein Landarbeiter zum Dorfausgang deutete: Vorhin, als er mit dem Heuwagen ins Dorf gekommen sei, wäre ihm der Wagen gerade begegnet. „Ein dreckiges Pack!"

„Na, na, na . . ." verwahrte sich Franz. Und dann traten sie in die Pedale, daß bei Benno sogar die Gangschaltung verdächtig knackte. – Drei Minuten später sahen sie den Wagen – – hielten, fuhren noch ein Stück weiter: Zigeuner!

Ihre Enttäuschung war so groß, daß sie wortlos die Räder herumrissen und wütend denselben Weg zurückrasten. Keiner sprach. Sie waren nahe daran, die ganze Verfolgung aufzugeben.

*

„Also noch mal!" befahl Paulchen. Er saß auf der Wagentreppe und hörte ab, was er seinen mehr oder weniger begabten Schülern eingepauckt hatte.

„Ich soll sagen: Der Wohnwagen ist ganz woanders hingefahren."

„Nein doch. Wie heißt das?"

Der zweite der kleinen Dorfjungen konnte es nicht viel besser. Paulchen wiederholte: „Also – so ein Wohnwagen, ja, den haben wir gesehen. – Dann fragen dich die beiden Radfahrer sicher: Wo ist der hingefahren? Dann zeigt ihr dorthin, in diese Richtung, und sagt: Vor vier Tagen ist er durchgekommen. – Wiederhole."

„Also so ein Wohnwagen – den habe ich gesehen. Dann fragen mich die beiden Radfahrer . . ."

„Ach, das darfst du doch nicht sagen."

„Aber du hast's doch selber gesagt."

„Habt ihr eine lange Leitung. Also paßt mal auf . . ."

Und mit Engelsgeduld begann Paulchen noch mal sein schweres Werk. –

Als die Wohnwagenjungen nach Einkäufen beim Bäcker wieder weiterfuhren, huschte Niki noch mal aus dem Wagen.

„Kannst du dein Sprüchlein?" fragte er flüsternd den einen der kleinen, neugierigen Jungen.

„Ich – ich . . ."

„Weißt du, zeig ihnen einfach, wohin wir jetzt fahren. Das genügt. Alles andere ist Blödsinn."

„Wirklich?"

„Klar. Hier hast du was." Und ehe noch der Knirps seinen Bonbon in den vor Staunen offenstehenden Mund steckte, war Niki im davonrumpelnden Wagen verschwunden. –

*

„Halloh!"

Benno und Franz bremsten und sahen zu dem Rufer hinüber. Ein Mann, breitschultrig und mit wenigen borstigen Haaren auf dem breiten Schädel, lag im Fenster eines Backsteinhauses. „Gemeindebüro" stand auf einem Schild.

Benno hielt an. „Komm, Franz, sicherlich irgendeine Nachricht für uns." – Sie kamen beide vor das Fenster.

„Guten Tag."

Der Breitschädel antwortete nicht. Er musterte sie mißtrauisch von oben, und nur sein kräftig ausgeprägter Adamsapfel, der auf und ab rutschte, verriet, daß der Mann etwas sagen wollte. Aus dem kragenlosen Hemd sah eine gebräunte Brust, und die mächtigen Hände lagen breit und ungeschlacht auf der Fensterbank.

„Ich seh' euch ja schon wieder, – he ..."

Die beiden wußten gar nicht, was der Dickschädel wollte und meinte.

„Ich frage, warum treibt ihr euch schon wieder hier in unserem Dorf rum?"

„Ach so. Wir suchen jemanden."

Der Mann im Fenster wurde durch diese Antwort nur noch mißtrauischer. Er kniff die Augen zusammen und schnalzte leise mit der Zunge.

„Habt ihr Papiere?"

„......"

„Na? – Also nicht."

„Wir mußten so schnell aufbrechen", entschuldigte sich Benno.

„Die anderen haben sicher Papiere. Im Geheimfach."

Der Dickschädel grinste. Ungläubig und verächtlich, so, als wolle er sagen: „Laßt mich doch mit solch dummen Ausreden in Ruhe."

Franz stieß Benno an. Abhauen! Aber Benno begriff später als der Mann im Fenster.

„Kommt doch mal rein", sagte er und sah über die Dorfstraße hin, wo gerade ein Trecker vorbeiknatterte. Spähte er nach Hilfe, falls sie ausrissen? Aber Benno war nicht willens auszureißen. Er hatte das beste Gewissen. Nun gerade. Und mit lässig dreisten Bewegungen ging er Franz voran ins „Gemeindebüro".

*

Sie fuhren noch immer Zickzack mit ihrem Wohnwagen. Kilometerlang waren sie schon zu Fuß neben ihrem Wagen hergegangen, weil die Seitenstraßen, die Landwege zu schlecht, zu löcherreich waren.

„Ich werd' seekrank", stöhnte der eine.

„Au! Mein Kopf!" brüllte der zweite.

Und: „Ich glaube, ich hab' eine Gehirnerschütterung", jammerte der dritte in komischer Übertreibung.

„Nur gut, da wirst du vielleicht noch mal vernünftig."

„Halt die Klappe. Du hast ja auch schon zwei blaue Flecke."

Nur Paulchen hatte bis zuletzt noch im Wagen ausgehalten. Aber dann hatte ein zerfahrener Landweg auch ihm den Rest gegeben. „Meine Gedärme kommen mir schon oben raus", erklärte er seinen heroischen Entschluß, nun auch zu laufen. –

Am Mittag durchfuhren sie ein großes, reiches Dorf. Woltinghausen. Dabei hatten sie Pech.

Ein Köter kam aus einem der Gehöfte und sprang wild kläffend vor und um Kaspar und Kathrine herum. Hannes, der gerade kutschierte, nahm die Peitsche und versuchte, ihn zu verjagen. Aber der Hund wurde nur noch angriffslustiger. Er gebärdete sich wie toll und machte die Pferde scheu. Da kam Wilhelm mit einem Satz aus dem Wagen und stürzte auf den Hund los: „Hau ab, du dreckiger Satansköter! Du Promenadenmischung! Bist du noch nicht fort?"

Der Hund sprang zurück, aber gleich von neuem zu, diesmal auf Wilhelm. Die Kameraden brüllten und schrien: „Gib ihm Saures! Hau zu!" und versuchten, den Kläffer mit Peitschengeknall und Schreckschußpistolen zu vertreiben. Aber der Lärm und Krach, das Jaulen, Toben und Knallen hatte inzwischen immer mehr Menschen an Fenster und Türen und viele Kinder auf die Straße gelockt.

„Laß den Hund in Frieden", forderte einer der größeren Dorfjungen. Die Wohnwagenjungen hatten gar nicht gemerkt, daß einige kräftige Jungen sich quer über die Straße gestellt hatten. Nun brachten die den immer langsamer fahrenden Wagen ganz zum Stehen.

„Halt gefälligst deinen komischen Köter fest", antwortete Hannes oben vom Bock.

„So komisch wie ihr noch lange nicht."

„Köter sagst du, soll ich ihn mal auf euch hetzen?"

Wilhelm ging zornig – er geriet immer leicht in Wut – auf die feindlich wartenden Jungen los. Sie mochten im gleichen Alter wie er sein.

„Macht Platz."

Sie lachten nur.

„Macht Platz, sag' ich. Sonst . . ."

Sie äfften ihn nach: „Sonst – sonst . . .?"

Joli sagte zu Niki: „Komm, wir helfen ihm."

Paulchen warnte: „Vorsichtig, dicke Luft."

Wuz hielt Kille fest, die wie rasend an ihrem Halsband riß, um sich in den Streit zu stürzen.

Hannes aber schlug die Leine den Schimmeln auf den Rücken: „Hüah, hüah!"

Sie zogen an, kamen dicht an die Barriere von feindlichen Jungen heran.

Da geschah es.

Einer hatte in den Zügel gegriffen.

Aber sofort hatte Wilhelm dessen Arm gepackt. Kaspar scheute wieder und tänzelte. Der Köter jaulte wütend auf. Und gleichzeitig waren drei – vier der großen, kräftigen Jungen auf Wilhelm zugesprungen und hatten ihn von allen Seiten umringt und gepackt. Im Nu war ein Handgemenge im Gange. Joli und Niki, beide im Vergleich mit den Dorfjungen zart und klein, sprangen nach einem winzigen ängstlichen Zögern zu und versuchten, Wilhelm zu befreien. Kille aber hatte sich nun doch noch losgerissen und fegte mit giftigem, hellem Wutgekläff auf die Gegner zu. Paulchen jedoch, als letzter noch im Wagen, hielt Habakuk zärtlich fest und riß mit der anderen Hand am Glockenstrick, daß lautes Alarmgeläut den Lärm auf der Straße noch übertraf.

„Fahr zu, Hannes!“ rief Wuz und eilte vor, um Kathrine zu führen. „Fahr zu!– Durchbruch, ehe es zu spät ist!“

*

Viel später, am Zaubersee erst, erzählten sie sich gegenseitig von ihren Fahrterlebnissen. Und da stellten sie fest, daß Benno und Franz zur gleichen Stunde wie der Wohnwagen in Bedrängnis gewesen waren. „Komisch“, sagte Wuz. Aber Hannes, der Wagenvater, meinte, so komisch sei das gar nicht. Er finde, das sei eigentlich sehr schön. –

Der Bürgermeister (denn das war der Breitschädel) fand anfangs gar nichts Schönes an den beiden ‚Rumtreibern‘. Sie sollten nur gleich gestehen, daß sie ausgerissen seien. Alles andere glaube er doch nicht. Wohnwagen? Urlaub? Warum wüßten sie denn nicht, wo ihre feinen Kumpane, falls die überhaupt existierten, herumführen? Nein, nein, das sei alles eine recht dunkle Sache. Und Papiere hätten sie auch keine. Hier stimme etwas nicht.

Die beiden standen trotzig und unerschrocken da. Was wollte der Dicke ihnen schon tun? Nur ärgerlich – der Zeitverlust. –

Weil sie aber nichts sagten, wußte der Bürgermeister auch nicht weiter, und dazu fiel ihm noch ein, daß seine Frau die Klöße mit Hammelfleisch sicher schon fertig habe. Und er hatte sich hier solchen Ärger verschafft. Grinsten die

Burschen nicht sogar? Wie sie dastanden, als müsse er sich entschuldigen.

Ärgerlich knurrte er: „Na – und . . .?"

Benno mußte nun doch lachen. Und Franz sagte in seiner frech-fröhlichen Art: „Da müssen wir wohl zum Mittagessen bleiben."

„Das könnte euch so passen."

„Sie wollen uns wohl im Spritzenhaus verhungern lassen?"

„Wann habt ihr denn das letzte Mal warm gegessen?"

Sie lachten, sahen sich an und rechneten an den Fingern.

„Zwei – drei Tage mag es her sein."

„Das reicht ja!"

Jetzt lachte der Breitschädel. Er freute sich, – dreifach sogar. Erstens kam er so zu seinem Essen. Zweitens spielte er gern den großzügigen Gastgeber, und drittens regelte sich so die leidige Sache vielleicht am besten.

„Also los", befahl der Bürgermeister.

„Zu Brot und Wasser", flüsterte Benno.

„Nein, es gibt warm", erwiderte Franz etwas lauter.

„Ach so, Brot und warmes Wasser."

„Lotte!" rief der Breitschädel durch den backsteinroten Flur, „Lotte!" Aus der Küche tauchte ein rundliches, liebes Frauengesicht auf.

„Ja?"

„Die zwei wollen deine Klöße nicht. Nur Brot und Wasser. Läßt du dir das gefallen?"

„Wer seid ihr denn?"

„Werden sie dir beim Essen erzählen. Vielleicht glaubst du ihnen mehr als ich. – Los, rein in die Küche."

Die ganze große, gemütliche Küche war ein Meer von Düften und Gerüchen. Die beiden schnupperten gierig. „Lotte, die essen schon mit der Nase. – Aber erst die Telefonnummer, sonst gibt's nichts."

„Was? – Telefon?"

„Jawohl. Vom Vater oder Onkel oder Chef."

„Direktor Berger", rief Benno erleichtert. „Der kennt uns beide. 207 84."

Bei den ersten fünf Klößen hörte man nur genußvolles Kauen. Bei den nächsten begannen die Jungen zu erzählen und die Hausfrau zu lachen, immer mehr, bis ihr ein Hammelfleischbissen in die falsche Kehle geriet. Bei dem letzten Kloß schrillte das Telefon.

Als der Breitschädel vom Apparat zurückkam – er hatte das allein, ‚rein dienstlich' erledigt –, strahlte er und befahl seiner Lotte, als Nachtisch noch Obst zu holen. Dann ließ er sich sehr gnädig die Einzelheiten des Gespräches mit Herrn Berger entlocken. Zum Schluß, als er sich satt und zufrieden zurücklehnte, sagte er so ganz nebenhin: „Na ja, bis Vollbergen sind es noch rund fünfundzwanzig Kilometer."

Sie sahen ihn verständnislos an.

„Hm. Von da haben vorgestern eure Kumpane eine Karte nach Haus geschrieben."

„Ich werde verrückt . . .!"

„Lieber nicht. Wollen wir mal einen Blick auf unsere Landkarte werfen?"

Die Frau Bürgermeister lächelte still vor sich hin, während sie den Küchentisch abdeckte und dabei die drei Männer beobachtete, die leidenschaftlich und laut auf der Karte den flüchtigen Wohnwagen verfolgten.

*

Währenddessen ging es in Woltinghausen heiß her. Neugierige und Kampfeslustige strömten herbei; und die Wohnwagenbesatzung sah sich in einen immer größeren Kampf verwickelt. Weswegen? Warum? Das war bald vergessen. Man schrie und schimpfte, die Hunde tobten und kläfften, das Gedränge wurde immer unübersehbarer.

„Laßt sie nicht durch!"

„Keine Durchfahrt!"

„Läßt du die Pferde in Ruhe!"

„Wilhelm, hilf mir!"

„Stürmt den Wagen!"

„Gehst du, dreckiger Köter – au!"

„Schließt den Wagen, Wuz. Alle nach vorn."

„Kette! Kette! Quer über die Straße!"

„Spannt die Gäule aus!"

„Oh, warte, die schmeißen mit Äpfeln!"

Aber die Wohnwagenjungen hielten zusammen. Auch Niki und Joli, klein und schmal, standen zäh und verbissen ihren Mann. Habakuk kratzte in Todesangst durch die Hosentasche hindurch Paulchen in den Oberschenkel, und Kille wurde auf den Schwanz getreten. Das Ofenrohr schwankte bedenklich, weil die Dorfjungen mit Steinen danach warfen. Aber Kaspar und Kathrine ließen sich nicht kleinkriegen. Ab und zu tänzelnd und bockend, zogen sie durch Trubel und Lärm, durch Kampf und Indianergeheul den Wagen weiter und weiter. Wilhelm führte wieder Kaspar, Hannes Kathrine, und so gelangten sie, in harter Abwehr sich verteitigend, schließlich aus dem Dorfe heraus. Daß der dumme Köter, der den ganzen Streit verursacht hatte, zu guter Letzt – oder besser zu böser Letzt – noch Paulchen in den Hosenboden kniff, kam wohl von dem schönen, runden Anblick. Jedenfalls ließ sich Paulchen gebührend hinterher als Opfer der Verteidigung bemitleiden und zeigte stöhnend noch nach Stunden immer wieder auf sein wehleidiges Hinterteil: „Das hab' ich für euch hingehalten – so bin ich." –

Hinterher erst entdeckten sie, was man ihnen an Dreck in den Wagen geworfen und wieviel blaue Flecke und blutige Schrammen sie hatten. Aber der Wagen war heil! Das war die Hauptsache.

An dem Abend fuhren sie noch bis gegen zehn Uhr weiter, um nicht etwa nachts überfallen zu werden. Und diese stille Fahrt durch die sommerlich helle Nacht war für alle ein kleines Fest. Wuz spielte auf der Mundharmonika, Hannes reichte belegte Brote aus dem Wagen zu den Kameraden, die auf Bock und Dach die Nachtluft genossen. Nur Paulchen lag im Wagen. Er hatte seine Hängematte wieder aufgehängt und ließ sich, faul und wohlig schmatzend, vom Wagen leise und gemütlich hin und her schaukeln, während Habakuk auf seinem Bauch hockte und die Kosthäppchen mit beiden Pfötchen zierlich zum Munde führte.

Als Benno und Franz am selben Abend durch Vollbergen gekommen waren, hatten sie haltgemacht, um ‚Erkundigungen einzuziehen'. Aber seltsam: Die Befragten machten alle einen mißtrauischen oder befangenen Eindruck. Zwei Mädchen flüsterten heimlich und zeigten auf ein Straßenschild. Ein kleiner, dicker Stöpsel aber rief: „Das sind sie –, die wollen die anderen fangen."

„Du bist doch zu dumm", wurde er angefaucht. Aber nun war's zu spät.

„Merkst du was, Franz?"

„Und ob. – Wann ist denn der Wagen hier durchgekommen?"

Die Kinder standen im Kreis um Benno und Franz und schwiegen verstockt.

„Wird's bald . . .?"

Eines der Mädchen druckste an einer Frage:

„Wenn ich's sage, fotografierst du mich dann auch?"

„Du bist gemein, verrätst alles!"

„Wann?" stieß Franz auf sie zu.

„Vorgestern."

„Aha. Und wohin ist der Wagen gefahren?"

„Ätsch. Sie hat's nicht gesehen!"

„Ich schnapp' mir einen", flüsterte Franz wütend. Benno winkte ab. „Ihr habt sicher versprochen, es nicht zu verraten. Stimmt's? Na, also. – Aber ich kann zaubern, ich weiß es trotzdem."

Die Jungen und Mädchen sahen ihn halb zweifelnd, halb ängstlich an. Benno schloß die Augen, brummelte seltsame Worte vor sich hin, wie ‚Turusamsabilla' oder ‚Klabustaristikum', und machte geheimnisvolle Bewegungen mit der Hand. „Sie sind gefahren", begann er mit tonloser Stimme und fuchtelte mit der Hand in der Luft herum, – „gefahren", lauernd blinzelte er zwischen den gesenkten Wimpern hindurch auf die Kinder, die seine Hand in ihrer Richtungssuche gespannt verfolgten. Beim ersten der drei Wege grinsten sie noch, beim zweiten schauten sie fragend und etwas unsicher, und als die Hand nun plötzlich auf den dritten zufuhr: „dorthin!" – –, da entrang sich einigen ein kurzer Aufschrei: „Tatsächlich!" – „Das stimmt" – „Der zaubert wirklich!"

„Komm, Franz", sagte Benno.

„Aber das Fotografieren!" rief das Mädchen.

„Tschüs! – Heute nicht, bei eurer Mattscheibe!"

Und fort sausten die zwei, daß der Staub aufwirbelte.

*

Am Morgen, kurz nach vier, erwachte Niki. Hatte nicht eine Fahrradglocke geklingelt? Stand nicht Franz staubig und heiß vor dem Wagen und war nun endlich angelangt?

Nein. Nur erste Sonne, taufrische Gräser, eine Lerche, die man nicht sah, nur hörte, und dort drüben der Wohnwagen. Niki hatte im Freien, in eine Decke gerollt, geschlafen. Das Zelt aufzubauen, waren sie abends zu müde gewesen.

Leise erhob sich Niki. Jetzt erst konnte er die Umgebung übersehen: Eine Birkenallee, die zwischen Wiesen und grünlichgelben Feldern dahinzog. In der Ferne ein dunkler Kiefernwald und links, zwei, drei Kilometer voraus, rote Dächer hinter grünen Gärten.

Alles still. Nur die Lerche. Und die jubelte und tirilierte irgendwo ganz, ganz oben, daß Niki am liebsten auch gleich hochgeflogen wäre.

Schade nur, daß Franz fehlte. Niki hatte schon an einigen Rastplätzen oder an Straßenkreuzungen mit Kreide Zeichen und Namen hinterlassen. Das war wohl kein Betrug, tröstete er sich. Die anderen wären doch auch nur froh, wenn die beiden sie endlich fänden.

Niki schlug sich leise zur Straße hinüber. Aus dem Wohnwagen kam Schnarchen. Hell und sandig dehnte sich die Straße – vorwärts und zurück. Wenn die beiden jetzt auftauchten! Da kam etwas – ein Auto? Ja, ein Lieferwagen. Niki winkte. Der Fahrer bremste und rief unwillig: „Nein, ich nehme keinen mit."

„Fahren Sie heute wieder zurück in dieser Richtung?"

„Ja. – Warum?"

„Wenn Sie zwei Jungen auf Rädern treffen, sagen Sie denen doch bitte, daß Sie unseren Wohnwagen getroffen haben." Und Niki zeigte auf den Wagen.

„Ich treffe so viele Radfahrer. Da hätt' ich viel zu tun."

„Bitte sehen Sie mich mal ganz genau an. Haben Sie? Und

der eine von den beiden Jungen sieht genau so aus. – Bitte sagen Sie denen Bescheid."

„Mal schauen." Und damit gab der Mann Gas und ratterte mit seinen Gemüsekörben davon. –

*

„Ist hier in den letzten Tagen ein Wohnwagen durchgefahren?"

„Hm."

„Wirklich? – Du, Benno, jetzt klappt's."

„Welchen von diesen Wegen ist er denn gefahren?"

„Wart mal. Da war so ein Dicker, der hat uns was auswendig lernen lassen."

„Du bist doch auch in dem Wagen gewesen", staunte eines der Mädchen Franz an.

„Die verwechseln dich mit Niki."

„Natürlich. Das war mein Bruder."

„Ja, der war in Ordnung. ‚Zeig einfach die Richtung', hat er zu mir gesagt. ‚Das andere ist alles Unsinn'."

„Die richtige?"

„Ja. – Aber der Dicke hat eine andere gezeigt."

„Oh, warte, Paulchen."

„Habt schönen Dank. Wir sind leider ganz arme Würstchen. So können wir euch nicht mal etwas schenken."

„Habt ihr Hunger?"

„Eigentlich mehr als Hunger."

„Wartet mal!"

Mit vollen Hosentaschen fuhren sie etwas später frischen Mutes weiter. Vorn ins Sporthemd hatten sie Äpfel und Kirschen noch hineingesteckt und futterten im Weiterfahren aus der ‚Brusttasche'.

*

„Ob sie noch kommen?" fragte beim Frühstück Wuz. Diese Frage beschäftigte sie alle heimlich.

„Sicher", antwortete Wilhelm, aber es klang recht unsicher.

Joli wagte es für seinen Freund Niki: „Sollten wir es ihnen nicht etwas erleichtern, uns zu finden?"

„Nein", sagte Hannes schroff. Der gute, ehrliche Hannes, der Wagenvater, er durfte noch immer nicht daran erinnert werden, w i e die beiden seinen Wohnwagen beleidigt, verspottet und beschimpft hatten. Nein: Sie mochten suchen und suchen. Warum hatten sie wie Verräter gehandelt.

Hinterher freilich tat ihm Niki leid, und er bereute die scharfe Antwort. Aber er brachte es nicht über sich, das zuzugeben.

Zur gleichen Zeit hätten ‚die beiden' um ein Haar Senge bezogen. Wie in allen Ortschaften hatten sie sich auch in Woltinghausen nach einem grün gestrichenen Wohnwagen erkundigt, und sofort waren zwei Frauen, ein paar Kinder und ein alter Bauer in Wut geraten. Zu denen also gehörten sie? Zu dem frechen Gesindel! Die Umstehenden schienen eine alte Rechnung begleichen zu wollen. Sie drangen gefährlich nahe auf die beiden ein. Da rief geistesgegenwärtig Benno: „Wir verfolgen doch diese Rabauken!"

„Ihr?"

„Ja, seit Tagen. Wie Detektive. Wohin führt ihre Spur? Wann sind sie hier gewesen?"

Im Nu drehte sich der Wind: Jetzt nahm man sie als Verbündete, trug ihnen auf, diesen ‚Halunken' mal kräftig den Hintern zu verbleuen, am besten sie noch mal nach Woltinghausen zu bringen. Man habe sie neulich leider ziehen lassen.

So erfuhren Benno und Franz Tag und Stunde und natürlich auch haarklein alle Einzelheiten von der Durchfahrt des Wagens. Winkend und innerlich triumphierend rasten sie weiter. Volldampf voraus!

Als gar noch ein Pfeil und darunter die Buchstaben N I K gefunden wurden, als zu allem noch am Nachmittag ein alter, klappriger Lieferwagen hupend stehenblieb und der Fahrer sie heranwinkte und Nikis Botschaft absetzte, da kannte ihre Siegerlaune keine Grenzen mehr, und sie flitzten immer zakkiger und wilder durch Felder, Wälder und Dörfer. – Nun konnte ja nichts mehr schiefgehen.

*

„Haben Sie vielleicht zwei Radfahrer hier durchkommen sehen?“ fragte Joli einen Eisverkäufer, der im nächsten Städtchen unter dem Kriegerdenkmal an der Straßenkreuzung hielt.

„Radfahrer. Mehr als zwei.“

„Sah der eine so aus wie ich?“ fragte Niki.

„Na, nun bin ich bedient. Vorhin haben zwei hier kurz die Wegweiser studiert. Und der eine sah tatsächlich genau so aus wie du. Die sind dort weitergeflitzt.“

„Wann?“

„Vor einer dreiviertel Stunde.“

„Hannes!“ Niki und Joli rasten zum Wagen.

Aber Hannes hatte seine Pläne. Auf der Karte war ganz in der Nähe ein See eingezeichnet. Ein kleiner Feldweg nur führte dorthin. Hannes freute sich auf diese Überraschung. Nun aber kamen Joli und Niki und meldeten ihre Entdekkung, und aus ihren Worten klang die Forderung, den beiden hinterherzufahren. Diesmal jedoch blieb Hannes hart und unerbittlich. Niki schwieg, aber er hatte Zornestränen in den Augen. Heimlich schlich er zu dem Eisverkäufer und flüsterte heftig auf ihn ein.

„Abfahrt!“ rief Wilhelm. Der Wagen zog an, verließ die Hauptstraße, verschwand in einem kleinen, kaum sichtbaren Seitenweg. – Niki sah lange die Hauptstraße entlang, ehe er traurig hinterhertrottete.

Der Zaubersee

„Wie ist es eigentlich möglich, daß man so Jahr für Jahr in der Stadt lebt, und hier gibt es so etwas?" Wuz fragte so. Aber er bekam keine Antwort. Denn die anderen fünf staunten genau so wie er über dies unwahrscheinlich schöne Fleckchen Erde, das sie entdeckt hatten. So mochten weiße Eroberer in den exotischen Landschaften Amerikas oder der Südsee gestanden und gestarrt und gestaunt haben. Nichts regte sich. Weder Tier noch Mensch war zu sehen. Nur grüne, leuchtende Ufer, teils Wald, teils Wiese, eine schmale, hügelig hohe Landzunge, die sich weit hinein erstreckte in den still wartenden, silberhell und an anderen Stellen bräunlich-grün schimmernden See. Sie sahen von oben auf ihn herab, auf seine geschwungenen, buchtigen Ufer, auf die geheimnisvoll hinter Landvorsprüngen verschwindenden Ausläufer, auf die zitternden Uferspiegelungen und die zwei, nein, drei winzigen Inselchen mitten in der Flimmerfläche des Wassers. –

Ein paar Minuten standen sie so. Vielleicht war es – uneingestanden – Scheu, in dies Wunderland mit seiner stillen Herrlichkeit hineinzustürmen.

Aber dann mußte Kille doch irgendein Lebewesen aufgespürt haben, denn sie raste wie toll, hohes, fast heulendes Gekläff ausstoßend, den Abhang hinunter. Da waren auch ihre Herrchen nicht mehr zu halten. Im Nu stand Hannes mit Wagen und Pferden allein. Sogar das faule, dicke Paulchen hatte sich neugierig aufgemacht, zumal es abwärts ging. –

Hannes saß und wartete. Über alles Schöne war er in diesem Jahr doppelt glücklich. Hatte doch sein erst verspotteter Wohnwagen den Kameraden dazu verholfen. Und den Weg hierher hatte er allein ausgeknobelt. So hockte er auf dem Kutschbock, sah Wuz auf der vordersten Spitze der Landzunge, Joli mit Niki unten an der Bucht, Wilhelm schon weithin an der bewaldeten Längsseite des Sees auftauchen und hörte ihre Stimmen herüberschallen. –

Aber schließlich wurde es auch dem geduldigen Hannes zuviel. Er läutete die Wagenglocke und winkte und läutete wieder, bis die anderen endlich zum Wagen zurückkamen.

„Ihr wollt mich hier wohl verschimmeln lassen."

„Warum kommst du nicht herunter?"

„Soll ich vielleicht mit den Schimmeln gleich ins Wasser reinjagen? Der Wagen als U-Boot, das könnte euch so passen!"

„Es sind übrigens Baumstämme am Ufer, die können wir beim Baden ins Wasser ziehen."

„Und Himbeeren, sag' ich euch."

„Habt ihr euch vielleicht auch nach einem Standplatz für den Wagen umgesehen?"

„Ach so . . ."

„Von dort oben, von dem äußersten Landzungenvorsprung, hat man einen phantastischen Blick auf den See."

„Die Pferde müssen doch unten auf der Uferwiese bleiben. Lieber den Wagen nicht weit davon."

„Also avanti!"
„Halt. So nicht. Das geht schief."
„Sondern . . .?" – „Ausspannen."
Wilhelm unterstützte Hannes gegen die Ungeduldigen. Kaspar und Kathrine wurden ausgespannt, und nun ließen die Jungen, mit Bremsklötzen bewaffnet, den Wagen vorsichtig schräg rückwärts den Abhang hinabrollen. Im letzten Drittel bekam er doch zu große Fahrt, schob einen Bremsklotz beiseite und neigte sich gleich darauf gefährlich seitwärts.
„Haltet ihn!"
„Abstützen!"
„Links einschlagen mit der Deichel!"
„Können vor Lachen."
„Bremst doch!"
Im Wagen drin polterte und klirrte es, zwei der Räder standen in der Luft. Stöhnend stemmten sich die Jungen gegen Seitenwand und Deichsel, mit unheimlicher Schwere drohte ihr Wagen sie niederzuwerfen. Verflixt, was war der groß und schwer. Jetzt kam er! Wieder rollte und wummerte es dumpf im Wagen, die Tür schlug zu, mit lautem Krachen fiel etwas gegen die Wand. Ach, das war der Eisenofen! – Noch ein Schwanken, noch mal – „Hilfe!"
Aber in dem Augenblick gelang es endlich, die eingeklemmte Deichsel frei zu bekommen und damit die Räder einzuschlagen. Der Wagen richtete sich etwas auf, die schwere Last verringerte sich . . .

„Donnerlittchen! Beinahe wär's schiefgegangen."

Sie redeten und lachten durcheinander und bemühten sich, ihren Schreck nicht zu zeigen. –

Erst als sie ganz unten waren, gewahrte Paulchen das zweite Unglück. Bei der Rettungsaktion hatte sich – wohl aus Angst – Habakuk davongemacht. Die Hosentasche war leer, wo der Goldhamster so gern saß.

Paulchen war verzweifelt. Vor lauter Aufregung begann er zu stottern.

„D . . de . . der Hababababa-kukuk ist fort", stammelte er, und sein sommersprossiges Gesicht zuckte.

Sie hätten sich lieber um das wüste Durcheinander drin im Wagen gekümmert, aber Paulchens Stottern erweichte ihr Herz: So suchten sie alle.

Sie fanden Beeren und Frösche und ein Heupferdchen, aber keinen Habakuk. So traurig es war: Der blieb verschwunden.

Um so eifriger bemühten sich alle dann – beim Einrichten am Ufer –, Paulchen durch alle möglichen Entdeckungen und Pläne und Einfälle abzulenken.

Es war ja auch nicht schwer, hier, in diesem Paradies, Einfälle zu haben! Den Wagen stellten sie mit der Hinterseite zum See, damit man – stand die Tür offen – auf die weite, lockende Wasserfläche hinaussehen konnte. Dort, wo die Fichten nahe bis ans Ufer heranwuchsen und einige Buchen seltsam hell leuchtend dazwischen sich ausbreiteten, schlugen sie das Zelt auf, hing Paulchen umständlich (immer noch mit todtraurigem Gesicht) die Hängematte auf, wählte sich Wuz eine moosig weiche, aber trockene Stelle, wo er – ganz im Freien – schlafen wollte.

Währenddessen hatte Wilhelm schon eine Feuerstelle zu bauen begonnen. Joli und Niki schleppten Steine herbei. Hannes hatte inzwischen die Schimmel abgeschirrt und sie mit strengen Ermahnungen, ja nicht auszureißen, dann in die Freiheit der Uferwiese gelassen, wo sie nun nach den langen, anstrengenden Tagen gemütlich grasten und ab und zu – ausgelassen sich beißend – ein Stückchen am Wasser entlang trabten. Jetzt tranken sie lang und ausgiebig.

„Wer findet eine Quelle?" rief Wilhelm, der bei diesem Anblick Durst bekam.

„Wer kommt mit suchen?" rief Wuz.

Paulchen jammerte: „Sucht lieber erst Habakuk, das ist wichtiger."

Wuz zog allein los. – Hannes räumte indes zwei Hocker aus dem Wagen und stellte sie neben dem Feuerloch auf. Das hatte auch schon Steinschutz ringsherum und einen treppenartigen Sitz davor.

„Großartig, Wilhelm."

„Gefällt dir's? Gück mal – der Niki."

Der war auf eine der Buchen gestiegen, die dicht am Ufer standen, und wippte hoch in einer Astgabel über dem Wasser.

„Hoiho!" rief er glücklich. „Phantastisch hier! Ob das Wasser tief genug ist?"

„Versuch's doch", lachte Hannes.

Da sprang Niki bereits. Erst als er mit knapper Not über den sandigen Boden hinwegtauchte und sich wieder nach oben drückte, merkte er, daß er ja noch seine Lederhose anhatte. „Das Wasser hat mich richtig verrückt gemacht", erklärte er hinterher. „Ich stand da oben, hatte furchtbaren Durst, schwitzte, war staubig und verdreckt, und unten das kühle Wasser . . . Da war ich auch schon drin."

Nun waren sie alle nicht mehr zu halten. Im Nu lag das Ufergelände voll hingeschmissener Socken, Schuhe, Hemden und Hosen.

Kaspar schaute verwundert, dann wieherte er seinen Herrchen zu, die wild spritzend und schreiend im Wasser herumtobten.

„Hol den Ball, Paulchen."

„Ist es dort sehr tief?"

„Wo ist Wilhelm?" fragte Wuz, aber in dem Augenblick nahm ihm jemand zackig und elegant die Beine unter dem Leib fort, und er hatte den Mund voller Seewasser. Als er prustend und spuckend wieder auftauchte, war Wilhelm schon weit weg und rief nur lachend zurück: „Du hast einen guten Schluck, Jungchen, alle Achtung!"

„Wehe, wenn ich dich erwische. Kauf dir vorher einen Schnorchel."

„Gib nicht an, Kleiner."

Paulchen stieg als erster aus dem Wasser. Die Kameraden

behaupteten zwar von ihm, Fett schwimme immer oben, aber auch das war ihm schon zu mühsam. Er setzte sich neben sein Hemd und versuchte, eine blöde Portion Wasser aus dem Ohr herauszubekommen.

Da gewahrte er, daß sein Hemd sich bewegte. Nur ganz wenig. Sein Herz stockte. Heftig griff er zu: Wirklich – treu und rührend, glücklich und wie stets leise vor sich hinkauend, hockte Habakuk im Hemde seines Herrchens.

„Habaku-ku-kuk!"

Es war gut, daß niemand es sah – Paulchen küßte den Wiedergefundenen. Er war zu Tränen gerührt. Sechs Hemden lagen herum, aber sein Goldhamster hatte unter allen das richtige herausgeschnuppert!

„Du guter, lieber, armer Habakuk!"

„Rehe!" rief da Hannes, der gerade ans Ufer gestiegen war, und deutete mit dem nassen Arm über den See hin. Weit hinten, wo letzte, schräg einfallende Sonnenstrahlen den See noch einmal zum Glitzern brachten, lag ein heller Wiesenstreifen vor dem dunkel schattenden Waldsaum. Und dort ästen jetzt zwei – nein, drei Rehe – oder vier – ja, dort ganz am Waldrand noch ein viertes Reh!

„Fernglas", dachte Paulchen und eilte mit Habakuk zum Wagen. Er hatte Glück – in dem lustigen Durcheinander von Eßsachen, Decken und Klamotten fand er doch schnell Jolis Fernglas und wurde, als er ans Ufer zurückkam, von den anderen gebeten, gedrängt und schließlich gar gestoßen und gekitzelt, damit er auch ihnen das Fernrohr lasse. In der runden Scheibe, auf scharfe Einstellung gebracht, erschienen ihnen dann die vier äsenden Tiere greifbar nahe. Man sah, wie das eine witternd sicherte, ein anderes zum Wald zurückgewandt wartete, und es wirkte fast unheimlich, wie es sich dann plötzlich seewärts wandte und seine Pupillen deutlich den Betrachter zu fixieren schienen.

Sie beschlossen, sich leiser zu verhalten. Wer weiß, ob nicht auch ihr Uferstreifen sonst Äseplatz fürs Wild war. –

„Die äsen, und wir hungern“, sagte Paulchen.

„Du armer Junge!“

„Er wird ohnmächtig!“

„Wasser hilft gegen Ohnmacht.“

„Los!“

Paulchen konnte mit Mühe noch in den Wagen gelangen, ehe riesige Wasserfontänen an Land sprühten. Grinsend erschien er am Wagenfenster: „Bitte schön. Ihr reicht wohl nicht bis hierher!“

„Wehe“, schrie Hannes, „wehe, wenn ihr Wasserköpfe in den Wagen spritzt.“

Paulchen lachte vergnügt und schadenfroh. Mit Genuß und recht deutlich sichtbar begann er eine Brotscheibe zu kauen.

„Der futtert die Speisekammer leer.“

„Verrat! Schlagt ihn! Bratet ihn!“

„Jawohl! Dahlke-Bouletten – reicht für zwei Wochen!“

Sie stürmten an Land. Paulchen empfing sie gnädig. Als sie ihn bei den Beinen schnappen und aus dem Wagen ziehen wollten, zog er unvermittelt Habakuk hervor und beschwichtigte damit im Handumdrehen seine Gegner. Denn auch den anderen war der goldgelbe, ewig kauende Geselle schon ein lieber Reisegefährte geworden.

„Übrigens", sagte Paulchen mit ziemlich vollem Munde, „was schreit ihr immer so, wenn ich esse. Ihr habt ja noch schlimmeren Kohldampf. Aber ihr seid so dumm, daß ihr's nicht allein merkt."

Doch weil sie alle nun rasch Brot, Speck, Wurst und ein paar Pfund Kirschen (in der Kreisstadt am Vormittag gekauft) zum Vertilgen von Hannes vorgesetzt bekamen und jeder sich ranhielt, um nicht zu kurz zu kommen, drohten sie nur, ließen Paulchen aber sonst ungeschoren. –

Natürlich hatte sich, kaum daß sie aßen, auch Kille eingefunden und schnupperte nun zwischen ihnen hin und her und suchte soviel wie möglich zu erhaschen. –

Das Sonnenlicht war erloschen. Grau lag der See, und erste Kühle wehte herüber. –

„Morgen bauen wir ein paar Möbel hierher", sagte Hannes, „sonst verlieren wir im Gras dreiviertel unserer Sachen." – Vom Stuhl über Tisch, Hocker, Wäschetrockner bis zur Rutschbahn reichten ihre kühnen Bauvorschläge.

„Na, na – immer langsam", warnte Wuz. „Lieber ein fertiges Stück als hundert Pläne."

„Ist vielleicht ganz gut, wenn nicht alles fertig wird", meinte Wilhelm. „Sonst findet der Revierförster, wenn er das nächste Mal hier vorbeikommt, lauter Baumstümpfe und eine komplette Zehnzimmer-Einrichtung." –

„Aaaaaaaah!" gähnte Joli.

Und Paulchen deklamierte: „Penne, wem ein Bett gegeben."

„Wo mögen die beiden sein?" sagte Wilhelm in Gedanken.

„Na, hier – denk' ich – findet uns so schnell keiner", antwortete Hannes.

Niki schwieg, er sah über das Wasser ins Weite und dachte an Franz und – heimlich lächelnd – an die Geheimwinke und Botschaften, die er ihm hinterlassen. –

Zur Nacht wurden die Schimmel an langen Stricken jeder an einen Baum nahe dem Wald festgebunden. Hannes ließ trotz der einsickernden Dunkelheit noch im Wagen, vor allem aber draußen, etwas aufräumen. Verschiedenes aber, ein Turnschuh, zwei Messer, ein Hering zum Zeltbau, die Leine für Kille (damit die nicht wilderte) und vor allem die Streichhölzer blieben verschwunden.

„Dann gibt's morgen eben kalte Kost."

„So weit kommt es", rief Paulchen zutiefst entrüstet. „Nun sucht doch mal!"

„Du bist wohl pensioniert."

„Quatsch. Ich füttere Habakuk. Stör mich nicht."

Gerade als sie die Suche aufgeben wollten, fanden sie die

Schachtel im Gras. – Bald schimmerte der warme Schein der Sturmlaterne aus dem Wagen, in dem Hannes hausväterlich noch kramte. – Nun erst – bei Lichtschein – erschien alles nächtlich dunkel.

Die Gestalten verloren sich seltsam, wenn sie sich entfernten. War es ein Baumstamm, ein Mensch – ein Busch?

Einmal erschrak Joli laut, als Wuz mit einem Kochgeschirr voll Trinkwasser aus dem Waldbächlein (eine Quelle hatten sie noch nicht ausfindig gemacht) unvermutet sich hinter ihm aus dem Dunkel löste und ihn ansprach.

„Na, na, Joli, du glaubst wohl an Geister."

Die Geräusche der Nacht hätten dazu verführen können. Irgendwo im See sprang ein Fisch hoch, Äste brachen, ein schriller Schrei aus einer Baumkrone, Knistern und Plätschern, jetzt wieder ein Fisch. Ein ganz großer wohl. Noch einer? Nein: da bewegte sich doch etwas Großes im Wasser . . .

„Wilhelm?"

„Ja! Kommt doch auch!"

„Wie ist's?"

„Fabelhaft! Noch schöner als erst!"

Und wirklich – Wilhelm hatte recht. Als sie nebeneinander in die große, schieferdunkle Weite des Sees hinausschwammen, diesmal nicht so wild, laut und tobend, sondern mit weit ausgreifenden, aber gleichmäßigen Zügen und ohne viel zu reden, da spürten sie die unbeschreibliche Kühle und Frische des Wassers, vielleicht gerade, weil sie nichts sahen, noch herrlicher und mächtiger als erst. –

„Weißt du", sagte Joli halblaut zu Niki hinüber, „mir ist, ich könnte so ohne Ende schwimmen und schwimmen." –

Als sie weit drüben an der Längsseite an Land stiegen, kam der Mond zum Vorschein. Wunderlich, fast klein, wie ein Mitternachtsspuk stand drüben ihr Wagen, und das weiße Pferdepaar bekam im Mondlicht etwas Durchsichtiges, Schemenhaftes.

„Kinder – Kinder", sagte Wuz. Mehr nicht. Und sie verstanden doch, was er meinte. –

Bei der Rückkehr tropfte das Wasser bei der Kraulbewegung wie flüssiges Silber von ihren Armen und Schultern, und eine lange, schmale Silberspur zog sich hinter ihnen her.

Kathrine wieherte.

„Ja, doch", rief Hannes, „wir kommen schon." So gab es noch ein frohes Wiedersehen mit den Schimmeln, mit Kille und Habakuk und mit ihrem lieben, alten Wohnwagen, ehe sie – nun plötzlich todmüde – in tiefen Schlaf voll Traum, Mondlicht und Waldesluft sanken.

*

„Kommst du mit?" flüsterte eine Stimme. Joli blinzelte, rieb sich das Gesicht, guckte verwundert. Wie und wo und was?

Niki hockte am Zelteingang, und durch die Öffnung sah ein strahlender Morgen. Leise zupfte jetzt Niki noch einmal an Jolis Decke: „Kommst du mit – einmal rund um den See?" –

Alles taunaß, alles blinkend und glitzernd, alles noch still. Die Sonne, erst gerade überm Wald hochgestiegen, läßt See und Ufer noch verlockender als gestern leuchten und glänzen. –

Sie ziehen leise los, in Turnhose und Turnschuhen, sonst nur mit Fernglas und einer Scheibe trockenen Brotes, die sie heimlich aus dem Wagen stibitzt haben.

Sie steigen einige Male am Ufer bergan und entdecken kleine Waldwiesen, Himbeerbüsche, frühstücken mit Genuß, strolchen weiter, stoßen auf einen kleinen Bach, knien hin und trinken. Ha – das schmeckt!

Ein besonders ausladender Ahorn verlockt zum Klettern. Von hoch oben haben sie einen fenstergroßen Ausblick und sehen den See unten, über sich Vögel, pfeilartig schnell dahinschießend, andere sich hochschraubend und steigend, steigend, bis sie nicht mehr im Himmelsblau zu sehen sind.

Später stoßen sie auf eine besonders schöne Bucht. Links weißer Sand, rechts, zwei Meter höher, steil abfallendes Ufer. Das Wasser davor dunkelglänzend, aber durchsichtig bis auf den tiefen Grund. Von fern grüßt ihr Lagerplatz herüber. Sie schauen durchs Glas und suchen Wagen und Zelt ab, aber alles scheint noch zu schlafen. Es mag vielleicht fünf Uhr sein.

Sie legen sich in den Sand und lassen die Sonne auf der Haut wohlig kitzeln. Ach, ist das schön. –

„Warum lebt man eigentlich?" fragt Joli vor sich hin.

Niki ist erstaunt. Er überlegt. „Wahrscheinlich, damit man alles Schöne entdecken kann."

„Und die Menschen, die nicht so Schönes haben können wie wir?"

Niki weiß keine Antwort. Er ist froh, daß er über sich in der Luft einen großen Vogel entdeckt.

„Ist das ein . . . ein Fischreiher?"

„Ja, wirklich."

In ruhigem Gleiten geht er am jenseitigen Ufer nieder, faltet die Flügel, schlägt noch einmal damit, steht dann ruhig, fast unbeweglich. Das eine Bein hält er angezogen. –

Später kommen sie in ein Stück wilden, dunklen Waldes. Sie müssen sich bücken, reißen sich an Dornen, kommen vom Ufer ab, es schubbert sie, solche Kühle herrscht hier im Dickicht. Nur ab und zu schimmert ein Fetzen See hindurch.

Plötzlich schießt etwas hoch, flattert, kreischt, verschwindet.

„Hab' ich mich erschrocken!"

Sie schlängeln sich weiter durchs dunkle Gehölz. Aber dann bricht Licht ein, der Wald endet. Morgensonne blendet sie in überwältigender Helle.

„Stell dir vor, Niki, daß eines Tages die Sonne nicht mehr wiederkäme. Wäre das nicht entsetzlich?"

„Ja. – Die Finsternis, die Kälte – unheimlich. Wahrscheinlich würden die meisten Menschen wahnsinnig werden."

Sie schütteln sich. – Aber dann entdecken sie wieder – nun noch weiter, noch kleiner, ihren Wohnwagen und tasten mit dem Glas jede Einzelheit drüben genau ab. – Da ist doch einer schon wach. Wuz! Was macht er nur?

Ißt er? Nein – er malt. Ja, gewiß, – er kann es ja nie lassen. Er hat seine Farbstifte und seinen Tuschkasten auf jeder Fahrt im Tornister.

„Das möcht ich auch mal können."

„Ja. – Ich hab's oft versucht. Aber dann hab' ich mich nur geärgert, ich sah das Bild vor mir und konnte es doch nicht aufs Papier bekommen."

Joli läßt eine Hand voll Sand über die nackten Oberschenkel rieseln.

„Ich wünschte, ich könnte dichten ...", sagt er in den Himmel hinauf.

„Hast du schon mal?"

Joli zögert. „Ach, es war nicht toll. – Ich hab's nur versucht."

„Zeigst du's mir, wenn wir wieder zu Hause sind?"

„Wenn du willst ...", antwortete Joli glücklich.

Da streicht etwas Buntes über sie hin. Ein Entenpaar.

„Paß auf, wo sie einfallen. Das Glas!"

Sie verfolgen die Wildenten, bis diese in einer Einbuchtung des linken Längsufers ins Schilfdickicht verschwinden.

„Dort müssen wir uns einmal anpirschen, vielleicht vom Wasser her."

„Ja, – wird gemacht." –

Es wird immer wärmer und gemütlicher. Jene erste Frische des Morgens schwindet. – Ganz unheimlich knurrt plötzlich Nikis Magen.

„Du hast recht", sagt Joli, „wir gehen frühstücken."

Glanz und Sonne und immer wieder Wasser, immer neue Blicke auf den See, immer neue Uferbuchten, Vorsprünge, Badeplätze und Himbeerhalden. Daß die Vögel die Luft erfüllen mit Rufen, Zwitschern und Singen, empfinden die Jungen kaum noch, so sehr sind Licht und Wasser und Sommer und Vogelsang und Ferienglück eins geworden. Sie dehnen sich, recken sich, springen kurz noch einmal ins Wasser und rasen dann in weiten Sprüngen dem Lagerplatz zu. –

*

Der Kampf ist hart und aufregend. Gleich nach dem Frühstück hat er begonnen, nur Paulchen studiert mit Habakuk das Kochbuch, die anderen fünf sind mit zwei geschälten Baumstämmen erst in den See hinausgeschwommen, haben sich gegenseitig vom Stamm heruntergestoßen, sind wieder hochgeklettert, haben sich dabei japsend heruntergezerrt, getaucht, bespritzt und haben doch gleich danach wieder alle fünf darauf geklebt. – Bis dann plötzlich Wilhelm mit einem

Satz sich löst, taucht und, wieder hochkommend, – in zünftigem Kraulstil auf eine der kleinen Inseln zusteuert. – „Hinterher!“

Sie hören Wilhelm lachen. Das reizt nur noch mehr. In wildem Wirbel jagen sie auf die Insel zu. Natürlich ist Wilhelm zuerst an Land, reißt einen großen, langen Erlenzweig ab und beginnt wüst und wild damit ins Wasser zu schlagen, jeden Eindringling abzuwehren.

„Einkreisen!“ ruft Hannes.

Wuz und Niki schwenken ein. Trotz tapferer Bemühungen mißlingt Hannes' Angriff. Erst als Wuz von hinten her kommt, kann er schnell an Land klimmen. Doch da wendet sich Wilhelm und stößt ihn zurück. Patsch – rutscht Hannes aus und schlägt rückwärts ins Wasser. Verflixt! Doch Joli hat Wilhelms Bein erwischt, und im gleichen Moment springt Wuz von hinten Wilhelm an. Der schlägt, windet sich, torkelt, taumelt, fängt sich und hat wenigstens Joli abgeschüttelt. Aber da ist von der dritten Seite her endlich Niki zur Stelle. Wilhelm klammert sich mit seinen muskelstarken Armen fest an Niki und Wuz, drückt sie an sich, daß sie die Bewegungsfreiheit verlieren und kaum Luft bekommen.

Klatsch, klatsch – wirft Hannes ihm händeweis Seewasser ins Gesicht, aber auch die beiden anderen bekommen reichlich davon ab. „Hör auf“, will Wuz schimpfen, aber das „auf“ fährt ihm mit einer anständigen Portion Wasser und Entengries rückwärts in den Schlund.

„Schmeckt's!" lacht Wilhelm und nutzt die Verblüffung des Gegners, stellt Niki ein Bein und läßt sich, als der stolpert, mit voller Wucht fallen. Unter neuer Dusche von Hannes gehen sie zu dritt zu Boden, aber blitzschnell hat Wilhelm sich im Fallen gelöst und springt wieder auf. –

Zu dritt verfolgen sie ihn. Die Insel ist winzig, zwei Stuben groß, nicht mehr. Aber Wilhelm schlängelt sich hindurch, schlägt Haken, hangelt sich am Ufer von Baum zu Baum, ist nicht zu kriegen. Sie keuchen und japsen wie abgehetzte Hunde, man kann diesen Wilhelm zehnmal greifen, packen, sich ihm entgegenstellen, er kommt doch durch. Bis sie eine List anwenden. Wuz bleibt zurück, schwingt sich auf einen Baum, und die anderen jagen Wilhelm in diese Richtung. Und da geschieht's: Ein pantherartiger Sprung, so überraschend, so niederschmetternd, daß Wilhelm erst an der Erde, unter Wuzens Knien, beim Jubel der Sieger begreift, wie sie ihn überwältigt haben.

*

Als sie sich dann – am Ufer hockend – ausruhen, sagt Wilhelm: „Jetzt hätten noch Franz und Benno" (wie lang haben sie die Namen nicht ausgesprochen!) „mitkämpfen müssen. Mit denen zusammen hätte ich die Insel ein Jahrhundert lang gehalten."

„Du meinst, zehn Minuten?" grinst Hannes.

„Vorsichtig. Wer hat's denn vorhin so eilig gehabt, rückwärts ins Wasser zu fallen?"

„Vorsichtig. Wer ist denn vorhin so plötzlich auf die große Schnauze geplumpst?"

„Ja, ja", nickt Wuz den beiden ‚Kleinen' zu und deutet grinsend auf Hannes und Wilhelm, „wir haben eine richtige Heldensammlung."

„Und du hast den besten Schluck von der ganzen Belegschaft. Spezialität: Entengries."

So frotzeln sie hin und her und entschließen sich endlich, zu den Baumstämmen und den anderen Inseln weiterzukraulen. –

Zu Mittag allerdings wird der Wagenchef energisch. Und sosehr sie ihn hochnehmen, da ist nichts zu machen. Jeder bekommt Arbeit: Wuz und Hannes räumen den Wagen aus, ganz und gar, und dann beginnt die – dringend nötige – Generalreinigung. – Wilhelm striegelt die Schimmel, er ist stolz, daß er es kann, als einziger, und setzt seinen Stolz darein, dem weichen Fell von Kaspar und Kathrine wieder zarten Glanz zu geben, daß man immer nur darüber streichen möchte. – Niki soll mit Paulchen zimmern: Einen Tisch, zwei Stühle, ein Gestell für Kochsachen und ein kleines Ställchen für Habakuk. Joli soll Brennholz und Beeren sammeln und nebenbei noch die Wäscheleine aufziehen, weil sie schließlich auch noch waschen wollen; d. h. nur kalt, ohne zu kochen, aber doch mit Seifenpulver (von Frau Dahlke großzügig gestiftet) und in dem Eimer, mit dem sie unterwegs die Pferde tränken. –

So hat also jeder seine Pflicht. – Als dann Wilhelm beim Striegeln ein Lied pfeift, pfeifen die anderen bald mit, und dann singen sie auch. Freilich – Wilhelm hat es am besten. Er kann im Takt striegeln und bürsten. Aber ob sie nun mit Bürste und Seifenwasser das Wageninnere und die rausgeräumten Möbel scheuern oder ob sie hämmern, sägen und die Holzteile zusammenpassen oder Holz herbeischleppen – ein fröhlicher Eifer hat sie alle ergriffen. Sie haben ihrem Wagenvater Hannes schon längst verziehen, daß er sie arbeiten läßt, – nein, nein, er hat recht: Saubermachen ist auch schön, und nötig war's.

„Hab' mein' Wagen voll geladen", stimmt Wuz an und schrubbt eifrigst den Wagentisch. Sie fallen alle ein, es hallt und schallt, die Uferwiese ist wie ihre Wohnung. Sind sie nicht schon Tage hier? Ganz vertraut erscheint ihnen alles. Und die Sonne meint es gut und brennt auf ihre bronzebraunen Körper. Kille treibt sich herum, mal hier auftauchend, mal dort, sie genießt dies friedliche Leben.

Wilhelm streichelt und patscht Kathrines Rücken, dann legt er seinen Kopf an den ihren und fühlt ihre Mähne und spürt das leise Zittern der Haut. Jetzt wendet sie sich behutsam um und schaut ihn an. Und Wilhelm reibt ihr über die schmale Blesse vorn am Kopf und drückt rasch noch einmal seinen Kopf an ihren hellglänzenden, edlen Hals.

Einräumen ist besonders schön. Alles blitzt vor Sauberkeit, alles duftet nach Seife und Wasser und Reinlichkeit. So frisch und neu hat der Wohnwagen lange nicht mehr ausgeschaut. Sogar das Geheimfach ist ausgeräumt und gesäubert worden.

Sie haben's nicht übers Herz gebracht, die Möbel draußen zu lassen und den Wagen leer. Nein, für draußen wird gezimmert, und drinnen soll's auch jetzt behaglich sein. – Daß Kille mit feuchtschmutzigen Pfoten den blitzsauberen Wagen beehrt, wird ihr natürlich sehr verübelt, und sie ist schneller wieder draußen, als sie gedacht. –

Joli vergißt immer das Atmen, wenn er eine Sache ganz hingegeben erledigt. So ist er auch jetzt beim Holzsammeln so übereifrig, daß er ganz atemlos wird. Schön ordentlich baut er das Holz bei ihrer Feuerstelle auf und freut sich, daß ein paar recht harzige Stücke dabei sind. – Dann rast er schon wieder los, diesmal mit einem Kochgeschirr, um Beeren zu sammeln. Er ist der einzige, der nicht dauernd mitsingt. Denn nun singen sie Lied auf Lied, und wer den Text nicht sicher kann, schmettert dennoch fröhlich sein ‚lalala' in die Gegend. –

Paulchen weiß zwar stets alles besser, mit dem Werkzeug ist aber Niki geschickter und flinker. Beim Sägen vor allem ist Paulchens Tempo so langweilig, daß Niki es schließlich allein macht. Dann gilt es, die Pflöcke einzuschlagen, auf denen das Haushaltsgestell stehen soll. Dabei schlägt Niki dem Paulchen einmal auf den Daumen.

„Au!“ schreit der, „au! Siehst du, das kommt von der blöden Eile.“

„Nein, weil du schläfst.“

„Unsinn. Aber noch so ein Schlag – und ich platze.“

„So schnell nicht. – Halt fest, Paulchen.“

„Danke bestens.“

Niki muß sehr zureden, bis Paulchen sich zu weiterer Hilfe bereit findet. Er ist mißtrauisch geworden und schimpft leise vor sich hin: „Holzhammernarkose! Oberidiot! Kindern nicht Werkzeug in die Hand geben! Rottet seine Freunde aus! Zerquetschter Daumen! Reiner Pudding! Unverschämt.“

„Paulchen“, lacht Niki, „hol erst einmal Luft, sonst erstickst du, ehe ich dir noch mal auf den anderen Daumen schlagen kann – zum Ausgleich.“

„Klappe – du Barbar!“

Dann kommen die Querhölzer, die Nägel hindurch – so, und da steht auch schon das Haushaltsgestell. Nun wird nicht mehr soviel im Gras herumkollern und verschüttgehen.

Aus Birkenästen folgt eine kleine Bank.

„Man kann sogar darauf sitzen!“ verkündet Paulchen.

„Ist nicht möglich“, lachen die anderen.

Und dann singen sie wieder, ein Lied nach dem anderen, eine Art Wunschkonzert, ein musikalischer Eintopf mit den verschiedensten Zutaten. Jeder hat seine Lieblingslieder, nur eine nicht: Kille. Sie ist ernsthaft beleidigt und anscheinend nicht so musikalisch wie Habakuk, der friedlich vor sich hin schmatzt. Nein, Kille leidet. Je länger, desto mehr. Aber auch ihr wehleidiges Gewinsel findet kein Erbarmen. Das Waldtal hallt und schallt. Widerwärtig! Bellen ist doch schöner.

Als letztes kommt das Waschen dran. Sie stehen nebeneinander im Uferwasser und waschen ihre verstaubten und verschwitzten Hemden durch. Gut, daß Mütter und Großmütter es nicht sehen, wie sie mit Seifenpulver und kaltem Wasser ein recht fragwürdiges Rubbeln und Wringen, Scheuern und Spülen hier vollführen. Aber sie selbst sind stolz darauf, und bald hängt auf der Wäscheleine Hemd bei Hemd, Dreß neben Taschentuch und Socken neben Socken. Ein oder zwei sind sogar ganz ohne Löcher. –

„Schluß!“ verkündet Hannes, der Chef, der gestrenge Wagenvater, nun. „In einer Minute will ich keinen mehr über Wasser sehen.“

Es gibt einen Wirbel, und dann nur noch ein paar Luftblasen im Wasser und am Ufer einige Turnhosen. Als sie wieder hochkommen, schreit Wilhelm: „Könnt ihr eurem Wagenchef nicht gehorchen? Verflixte Bande, wasserscheues Volk! Los – Kopfstand im Wasser! Bei drei sehe ich nur noch Hühneraugen!“

Es klappt nicht bei allen. Aber Laune macht es. Und nun tauchen sie um die Wette, nun bringen sie zum Zeichen ihrer Tauchkunst Steine, dicke Steine und Schneckenmuscheln mit herauf.

Es ist rührend: Kaspar und Kathrine gucken zu. Sie fühlen sich dazugehörig, man sieht es ihnen an. Und Kille, die kleine Angeberin, springt nach Stöcken, die sie ihr in den See hinausschleudern, und schwimmt eifrig hinterher und bringt stolz das Gefundene. –

Da ist es kein Wunder, daß die Wohnwagenjungen nicht alles bemerken, was geschieht. Wer käme auch auf den Gedanken, das ganze Ufer immer zu beobachten. –

Der Abend kommt mit langer Glitzerspur der untergehenden Sonne auf dem See, mit düsteren Schattenufern und lokkenden Uferpartien im letzten Abendschein. Die Dämmerung sickert wieder ein. Zum zweiten Male hier am See. Sind sie nicht viel, viel länger schon hier? Und was sie noch alles vorhaben! „Wir gehen einmal ganz um den See."

„Wir waren schon!" rufen Joli und Niki.

„Und einen Springbaum müssen wir uns suchen als Ersatz für ein Sprungbrett."

„Am besten, wir bauen gleich ein Haus im Baum."

„Ja, schön über dem Wasser."

„Kannst du angeln?"

„Die Pferde müßten auch einmal ins Wasser – in die Schwemme."

„Morgen fotografier' ich!" verkündet Paulchen.

„Mein armer Apparat", lacht Joli.

„Ein oder zwei müssen morgen auch einkaufen gehen – in den Ort hinüber."

„Ja, sonst verhungern wir."

„Liest halt Paulchen aus dem Kochbuch ein Kapitel vor, bis wir satt sind."

„Wenn morgen eingekauft wird, machen wir heut Saison-Schlußverkauf."

„Ja. Los. Wir essen alles auf!"

„Stürmt Hannes' Eßfach!"

Sie rennen und rasen wie eine Herde von Wildpferden, wasserblinkend und tobend auf den Wagen zu, drängen sich hinein, reißen die Banklade hoch: „Ach . . ."

Hannes kommt mit unschuldigem Gesicht langsam näher: „Nun . . .?"

„Leer."

„Also doch: Kochbuchkapitel!"

„Du Heuchler!"

„Rabenvater!"

Sie boxen ihn von allen Seiten, rücken ihm laut und energisch auf den Leib.

„Wo hast du die Vorräte?"

„Raus mit den Fressalien!"

Der Wagen dröhnt und schüttert, einmal schwankt er sogar etwas. Kille findet den Trubel herrlich. –

Natürlich kann dabei keiner der Jungen auf irgend etwas anderes achten. Niemand bemerkt, was sonst noch geschieht . . .

Jetzt schreit und lacht und winselt Hannes. Sie haben ihn

auf den Tisch gedrückt und kitzeln ihn. Da hilft alle Tapferkeit nichts: „In dem großen Kochtopf, unterm Wagen, im Schatten", gesteht er und bittet um Gnade. Im Nu lassen sie ihn und stürzen sich auf den Topf. Im Triumphzug, mit Gesang und Johlen, tragen sie ihn einmal um den Wagen, und dann geht's an den ‚Ausverkauf'.

„Alles aufessen."

„Ehrensache!"

„Und morgen zum Frühstück?"

„Verteile, los, ich hab' unglaublichen Kohldampf!"

„Komm, Hannes", rufen sie gnädig, „komm, Kleiner, du sollst auch kein Hundeleben führen. Komm, riech mal."

„Kannst auch mal abbeißen."

„Vergeßt nicht, ich hab' die Kasse."

„Sollen wir noch mal kitzeln?" – „Erpresser."

Aber dann schmeckt es Erpreßtem und Erpressern gleich gut; und die zweite Nacht bricht herein, noch ehe sie alles vertilgt haben.

Sie liegen im Gras und genießen alles: Sattsein, Ferien, Abendkühle, ‚ihr Land', ‚ihren See', den im Dämmer groß und kantig dastehenden Wohnwagen, die Vorfreude auf die kommenden Tage. –

Auf einmal fragt Joli, etwas erschreckt: „Wo sind denn die Pferde?"

Alles richtet sich auf, außer Paulchen, der mit Habakuk und Kille herumschmust. Die beiden Schimmel sind nirgends zu sehen. Hannes springt auf: „Kommt suchen, ehe es ganz Nacht wird.“

Sie laufen nach allen Seiten, am Ufer entlang, in den Wald hinein: Nichts!

Kaspar und Kathrine sind verschwunden. Plötzlich erscheint den Jungen der laue, friedliche Abend unheimlich, geheimnisvoll, voller Schemen und Geräusche. Was ist geschehen? Hat jemand die Pferde entführt? Sind sie ausgerissen?

Auch Paulchen hat sich aufgemacht, langsam und ungern. Der Wohnwagen steht ganz verlassen und allein . . .

Als sie unter wechselnden Zurufen nach zehn oder fünfzehn Minuten sich wieder am Ufer treffen, sind sie fürs erste ratlos: Was ist passiert? Was sollen sie tun? Wie fragend sehen Wuz und Hannes zum Wohnwagen hinüber und – – - schreien auf: Oben auf dem Dach ihres Wagens steht eine riesenhafte, weiße Gestalt, macht seltsame, geisterhafte Bewegungen, droht herüber, und als Hannes die anderen schreckhaft darauf hinweist, geschieht das Grauenhafte: Die Gestalt greift sich an den weißen, riesigen Kopf – stößt einen dumpfen Laut aus und – das kann doch nicht sein – reißt sich den mächtigen Kopf vom Leibe und schleudert ihn mit Riesenkräften bis ins Wasser hinüber.

6 + 2 = 8 oder: Stolzes Marathon

Die Gestalt war verschwunden, grausig, weißschimmernd schwamm ihr Kopf im Wasser.

So was gibt's doch nicht! dachten sie alle, aber ein Gruseln schubberte ihnen den Rücken hinunter.

„Faßt den Kerl!"

„Los, hinterher!"

Es war gut, zu rennen, überhaupt etwas zu tun. Aber als sie sich hetzend und springend dem Wagen näherten, gewahrten sie, wie der Kopflose eben dabei war . . . zum Donnerwetter! dort am Waldesrand hielten ja die Schimmel. Und auf einem der beiden hockte eine vermummte Gestalt, die half dem Kopflosen eben auf den Pferderücken.

„Die hauen mit den Pferden ab!"

„Los, los –"

„Halt! Halt!"

Sie schrien durcheinander. Die beiden Räuber (sie hingen komisch auf den Schimmeln) verschwanden aufreizend langsam im Waldesdunkel.

Wenige Augenblicke später erreichten die Wohnwagenjungen den Waldrand, stürzten in die Finsternis hinein – Wo waren die Pferdediebe? Wo denn? Dort rechts? Nein. Da vorn? Nein. Ja, wo denn nur?

„Halt! Hände hoch!"

Wie in Wildwest sahen sie's undeutlich vor sich: Auf einem

schmalen Waldweg zwei Reiter, vermummt, die rechten Arme mit etwas Hellem in der Hand vorgestreckt.

„Hände hoch!"

Joli war so erschrocken, daß er unwillkürlich die Hände erheben wollte. Aber in dem Augenblick erscholl ein lautes Gelächter. Die Reiter prusteten, schrien vor Lachen.

„Franz! Benno!“

Sie waren es.

Dunkelheit, Lärm, Trubel – wie gut, daß sie den Jungen über die erste Begegnung hinüberhalfen. So waren, ehe sie es recht begriffen, aus sechsen acht geworden.

Die Schimmel am Halfter führend, zogen sie zum Lagerplatz zurück. Die Stimmen schwirrten laut und lachend durcheinander.

„Was war denn das für ein Kopf, den du dir abgerissen hast?“

„Toll sah der aus . . .“

„Ganz einfach: Euer Fußball mit einem Handtuch darum. Deshalb schwamm mein Kopf auch so gut.“

„Ja, dort schwimmt er immer noch!“

„Und wie kamt ihr zu den Pferden?“

„Ihr pennt ja mit offenen Augen.“

„Wir? Geschuftet haben wir.“

„Ach? Und nicht gemerkt, wie wir so ganz still und gemütlich Kaspar und Kathrine beiseite gebracht haben!“

„Wart ihr denn schon länger hier?“

„Was, Franz, – wir haben alles schon untersucht, Herd, Wagen, Strand, Speisekammer –“

„Habt ihr was eingesteckt?“

„Ach, nicht viel!“

„Und uns unentwegt belauert?“

„Holzauge war wach!“

„Wie seid ihr denn auf unsere Spur gekommen?"

„Wir sind doch nicht aus Dummsdorf. Detektive, jawoll! Nachmachen."

„Aber zuletzt seid ihr doch an uns vorbeigefahren!"

„Das wußtet ihr?"

„Klar."

„Ach, deshalb hast du, Niki, uns Zeichen und Botschaften hinterlassen?"

Niki wurde rot. Gut, daß die anderen es nicht sahen. Doch er spürte es. Aber Hannes fragte doch gleich: „Hast du das wirklich, Niki?"

„Warum denn nicht", rief Joli, um Niki beizustehen.

„Ja", sagte der.

Hannes antwortete nichts. Sie zogen weiter und kamen an den Wagen. Benno und die übrigen hatten nichts gesagt, aber alles gehört. Die Wiedersehensfreude war getrübt. Und so sehr sich alle Mühe gaben, spürten sie doch, daß es nicht leicht sein würde, Hannes mit den beiden zu versöhnen. –

Dann – als sie noch vor Zelt und Wagen sitzen und der Mond, nun schon kleiner, nicht mehr so voll und rund, über dem Zaubersee steht, dann erzählen sie. Abwechselnd, oft gleichzeitig und freuen sich, gemeinsame Bekannte von ihrer Fahrt zu finden.

Kille schmust derweilen mit den beiden Ankömmlingen.

„Sie haben wir zuerst begrüßt", berichtet Benno. „Es war gar nicht so einfach, sie wieder loszuwerden."

„Und wir dachten, sie jagt einen Hasen, als sie so bellte." – Hannes sagt nicht viel. Franz hat noch nicht mit ihm gesprochen. Unterwegs hatte er sich die Rückkehr zu den anderen leichter vorgestellt. Soll er vielleicht großartig Abbitte leisten? Nein, das tut er nicht!

Er schaut sie an, Wilhelm grinst ihm fröhlich zu, Paulchen träumt, Niki sitzt glücklich neben ihm, Joli sieht scheu auf Hannes. Wuz gähnt und reckt sich:

„So – meiner Mutter Sohn geht ins Bett."

Die anderen sind auch müde. Im Wagen, im Zelt, in der Hängematte rollt und streckt sich's bald, dehnt sich wohlig und müde und von tausend Sommerdüften umgeben.

Eine große Familie sind sie heute. Nur Hannes ist noch mal am Wasser entlang gegangen. Sie sehen seine Gestalt, dunkel und einsam. Aber sie ahnen nicht, daß er heute zum ersten Male wieder mit jenem bösen Gedanken spielt, den Wagen zu zerstören, zu verbrennen.

Ein kräftiger Schlag, eine derbe Schlägerei, ein ordentlicher, zünftiger Streit – das alles ist rasch geschehen und erledigt. Viel schlimmer ist der schleichende Ärger, die verletzte Ehre.

*

Sie waren mit bestem Willen und unter mancherlei Mühe und Entbehrung ihnen nachgekommen, die beiden. Aber je länger Hannes abweisend blieb, um so mehr verlor sich ihr guter Wille, desto trotziger zeigten sie sich.

Wuz nahm Wilhelm beiseite: „So geht das doch nicht weiter."

„Nein. Hast recht. – Vielleicht ist es am besten, wir brechen wieder auf."

„Oder wir müßten etwas gemeinsam auf die Beine stellen. Das könnte helfen."

„Was denn? – Sieh sie dir doch an, was für essigsaure Gesichter sie machen."

„Wem gibst du denn recht?"

„Ich weiß auch nicht. Der Hannes ist ja mächtig dickköpfig."

„Aber sie haben ihn damals wohl auch sehr beleidigt."

„Na, so kann es jedenfalls nicht bleiben."

Sie standen, starrten aufs Wasser, sahen es aber kaum, sondern zerbrachen sich die Köpfe, womit sie alles zum Guten wenden könnten. –

Als Benno und Joli gegen Mittag aus dem Dorf von Einkäufen zurückkamen, strahlte Joli: „Wir sind ein Stück von einem schneidigen Audi mitgenommen worden."

„Welches Modell?"

„Modell?" Joli konnte es nicht sagen.

„Natürlich ein Audi 100", lachte Benno.

„Mercedes wäre besser."

„Besser?"

„Längst nicht so empfindlich."
„Ach, red doch nicht."
„In der Straßenlage sticht der Mercedes alle aus."
Sie waren im Nu im heftigen Hin und Her der Meinungen. Es wurde laut und lebhaft. Joli hörte etwas hilflos zu, manches verstand er gar nicht. Da wirbelten Hubraum und Zylinder, Synchrongetriebe und Windempfindlichkeit, Drehzahlen und Zwischengas und alle möglichen noch unverständlicheren Begriffe durcheinander. Als dann noch Benno die amerikanischen Autovokabeln beisteuerte – sein Vater war ja jenseits des ‚großes Teiches', und er brüstete sich gern mit seinem Autowissen –, da waren Benno und Franz mit ganzer Leidenschaft bei der Sache. Auch Wilhelm war interessiert und Niki; Paulchen lernte stets alle wichtig klingenden Wörter, er hatte eine Vorliebe dafür, so saß auch er neugierig dabei und hetzte ab und zu durch scheinbar dumme Fragen die Gegner aufeinander.
„Warum nicht den Ford Taunus, der braucht doch nicht viel Sprit."
Sie fielen prompt darauf herein und ereiferten sich von neuem.
Hannes war in den Wagen gestiegen. Er tat, als krame er darin herum, aber in Wirklichkeit lauschte er auf jedes Wort von draußen, eine unerklärliche Gereiztheit, ja, Angst, erfüllte ihn. Würden nun auch jene furchtbaren Ausdrücke, jene Beschimpfungen seines Wagens wieder fallen? Gehörten

sie nicht zu dem Loblied des Autos dazu? Es tat weh, aber mit einer richtigen Wollust wiederholte er jene verächtlichen Ausdrücke: Margarinekarton, Seifenkiste, Pappschachtel ...

Und wie vor der Fahrt, wie damals, als er nachts alles im Wagen hatte zerschlagen wollen, fühlte er sich wieder verlassen, ja, von allen im Stich gelassen und verraten. Da hockten und standen sie und übertrumpften sich gegenseitig mit ihrer technischen Angeberei! Als ob er nicht auch etwas davon verstünde. Nein, zum Donnerwetter, für blöde und technisch dumm sollten sie ihn nicht halten!

Er beugte sich hinaus und rief, etwas herablassend: „Der Opel Admiral braucht nur zirka zwölf Liter auf hundert Kilometer, aber der Mercedes 450 braucht vierzehn Liter!"

„Was heißt Mercedes 450", antwortete Franz, „wenn schon Mercedes, dann den neuen, den Mercedes 450 SE!"

„Ist aber wassergekühlt", rief Wuz.

Und Niki meinte: „Dann lieber den neuen VW Polo. Ist billiger, hat 40 PS und fährt 135 – bestimmt – 135 Spitze!"

Benno lachte: „Alles ganz niedlich. Aber mit dem achtzylindrigen Buick kommt doch kein deutscher Wagen mit."

„Ach, der Yankee!" –

So stritten sie und überboten sich und brachten ihre Ansichten so laut wie möglich zu Gehör und stimmten gern mit ein, wenn irgendein veralteter Typ mit mitleidigem Gelächter abgetan wurde.

Bis Wilhelm aufstand: „30 PS und 8 Zylinder – alles ganz

hübsch. Aber jetzt kümmere ich mich erst einmal um unsere 2 PS und du, Benno, um unsere 6 leeren Zylinder." Und Wilhelm klopfte sich auf seinen hungrigen Magen.

Hannes war leicht zusammengezuckt, als von den 2 PS die Rede war; Wilhelm hatte an seine noch nicht verheilte Wunde gerührt.

Paulchen aber, ach, das dumme, ehrliche Paulchen, wollte es ganz gut machen und – richtete doch nur neues Unheil an.

„Fangt doch nicht wieder davon an", sagte er mahnend.

„Wovon?" fragte Franz, er sah ihn spöttisch an. Hannes verstand den Spott falsch, glaubte sich gemeint. Er sagte: „Du hast aber ein schlechtes Gedächtnis."

Franz wollte erwidern. Aber Benno hielt ihn zurück. So schluckten sie alle ihren Groll hinunter. Es fiel ihnen wahrlich nicht leicht. Die fröhliche Unterhaltung war dahin. Besorgt sahen sie auf Hannes und Franz. Verflixt, konnte man denn da gar nicht helfen? –

Weil sie der gedrückten, spannungsvollen Stimmung entgehen wollten, hatten Benno und Wilhelm und Wuz einen Waldlauf unternommen.

Niki hatte den Bruder aufgefordert, mit ihm zur Insel zu schwimmen, und es war Franz schwergefallen, dem schwächeren Bruder nicht davonzuschwimmen. Nun saßen sie auf der kleinen Insel und erzählten.

„Warst du sehr erschrocken, als ich damals am Morgen verschwunden war?"

„Und ob. – Ich habe immer nur ... ach ..."

„Was denn?"

Franz hatte sagen wollen: „... an Mutter gedacht", aber er schämte sich, es auszusprechen.

„Wenn dir nun etwas passiert wäre, Niki!"

„Hast du nicht meinen Gruß an der Türe gesehen?"

„Erst als ich wieder heimkam, ‚Auf Wiedersehen' mit Kreide. Es steht jetzt noch dran. – Ja, da war mir gleich wohler."

„Ich habe jeden Tag gewartet, ob ihr kämt."

„Und doch bist du abgehauen."

„Ich konnt' doch nicht anders. Der Hannes ..."

„Ach, der Hannes, der Hannes, immer der Hannes."

Niki schwieg ein paar Sekunden. Es fiel ihm seit jeher schwer, dem Bruder, der so energisch und streitlustig war, zu widersprechen. Aber er durfte doch nicht feige sein.

„Weißt du, daß ... daß Hannes damals den Wagen zertrümmern wollte?"

„Nein ..."

„Doch." Und nun berichtete Niki, was er insgeheim von Wilhelm erfahren.

„Wilhelm sagt", schloß er den Bericht, „Hannes sei damals ganz krank gewesen, ganz verändert. Wilhelm hat Angst gehabt, daß etwas passiert."

Franz saß und schwieg, auch als Niki geendet hatte. Sie sahen auf den grausilbernen See, sahen hinüber zum Ufer, von wo der Wohnwagen dunkelgrün mit schwarzem Dach und kleinen, lustigen Wimpeln herübergrüßte.

Wahrscheinlich hat Hannes erwartet, daß ich etwas sage, zurücknehme, dachte Franz. Aber ich bin doch gekommen. Genügt das nicht? Soll ich als Büßer kommen? „Nein!"

„Was sagst du, Franz?"

„Ach, ich habe nur laut gedacht. Komm, wir schwimmen zu der Himbeerhalde hinüber."

Niki mußte sich dranhalten, Franz sprang schon mit kurzem, schneidigem Absprung ins Wasser. Wie er alles wieder abschüttelt, dachte Niki. Reden und sich Gedanken machen will er einfach nicht. – Niki selbst aber zergrübelte sich den Kopf, wie er seinem Freunde Hannes treu bleiben und helfen und doch auch Franz gerecht werden könne. Denn diese Tage ohne den Bruder waren schwer gewesen. Das wollte er nicht noch einmal. Es war ihm immer gewesen, als habe er das Versprechen gebrochen, das sie beide einst ihrer sterbenden Mutter gegeben hatten: Sich nie zu verlassen.

*

Wilhelm und Benno hatten spielend die erste Hälfte des Waldlaufes hinter sich gebracht, Wuz dagegen hatte oft Mühe gehabt, mitzuhalten und nicht ‚abgehängt' zu werden. – Jetzt saßen alle drei auf einer kleinen, stillen Lichtung und verschnauften. –

„Ich hab' einen Gedanken", sagte Wuz. Sein Atem ging noch keuchend.

„Nun?"

„Wir müßten uns einen Hochstand oder eine Art Baumhaus bauen und dann – stellt euch vor –, dann da oben schlafen."

„Nicht schlecht. Abends, bei Mondschein, ganz früh am Morgen – das Wasser sieht ja immer wieder anders aus und immer schön."

„So von oben herab ist überhaupt alles schöner."

„Na, ich finde, so an der Erde im Gras liegen und in die Bäume, in die Wolken kieken, das ist auch wunderschön."

„Wenn wir so einen Baumstand hätten, könnte Paulchen auch fabelhafte Trickaufnahmen machen. Von oben nach unten, von unten nach oben."

„Ach", knurrte Benno, „was nützt die ganze Knipserei, wenn alle böse Gesichter machen und aussehen wie vergiftete Ratten."

„Wenn erst etwas quer gegangen ist, dann hilft auch rein gar nichts."

„Versuchen . . ."

„Was denn?"

Wilhelm lachte: „Am besten Hannes' linkes und Franzens rechtes Bein zusammengebunden, und dann die beiden ins Wasser geschmissen."

„Die würden schwimmen."

„Und ob!“

Aber mitten ins Lachen hinein rief Wuz: „Ich hab’s. Wir machen einen Sportkampf, einen Langstreckenlauf oder Stafette oder – oder so etwas Ähnliches.“

„Und dann werden Eifersucht und Streit nur noch schlimmer.“

„Laß mich doch aureden: Wir machen das in zwei oder in vier Gruppen. Und bei der Wahl schummeln wir ein bißchen, damit die beiden Feinde – Hannes und Franz – in dieselbe Gruppe kommen. Paßt auf, da ist bald alles wieder in Butter!“

„Wuz“, nickte Benno, „ich glaube, deine Mutter hat ein schlaues Söhnchen.“

„Stimmt“, sagte Wilhelm. „Los, avanti, – das möchte ich so schnell wie möglich ausprobiern.“ –

Paulchen hielt Selbstgespräche. Das tat er immer, wenn er die ganze Welt für dumm und undankbar hielt. – „Ihr seid mir schöne Helden“, murmelte er, „einfach abhauen, wenn die Luft dick wird.“ Er fütterte seinen lieben Habakuk mit Körnern, die der Hamster artig aus Paulchens leider wieder nicht ganz sauberer Hand fraß. „Erst sich zanken, dann ausreißen, dann einholen, dann weiterstreiten.“ Paulchen ereiferte sich langsam. „Alles wollen die Herren können, bloß vernünftig sein nicht. – Blödiane, dumme!“

Habakuk schnurrte und kaute. Jetzt versuchte er sogar, an Paulchens Wurstfingern vorsichtig zu knabbern, weil die Hand leer war. „Alterchen“, sagte Paulchen liebevoll und streichelte seinen kleinen Freund zärtlich. „Du bist der einzige Vernünftige unter lauter Verrückten. Das heißt – ich bin ja auch nicht verrückt."

Paulchen zog sein Taschentuch, sich den Schweiß zu wischen. Das war ein Wetter! Sogar im Sitzen schwitzte man. –

Aber kaum hatte sich Paulchen einmal mit dem recht waschbedürftigen Schnupftuch übers Gesicht gewischt, da kitzelte es ihn plötzlich ganz närrisch in der Nase. Nanu, aber – bums, knall-hatzi! war's schon geschehen. Und gleich noch einmal und bei immer noch sich steigernder Juckwirkung ein drittes, viertes – zum Donnerwetter – fünftes – ja, ist denn so etwas möglich – sechstes und siebentes Mal!

Habakuk erschrak, zitterte und war fluchtbereit. Paulchen griff ihn, da juckte es bereits von neuem derartig unerträglich in der Nase, daß Paulchen unwillkürlich das Hamsterchen wie ein Taschentuch an den Mund hielt. Beniestwerden und Fliehen war eins.

Paulchen wischte sich die Tränen aus den Augen und schneuzte sich erst einmal gründlich. Aber das hätte er nicht tun sollen. Jetzt schien es ihm, er habe sich Ameisen in die Nase gesetzt, er glaubte, todsicher in den nächsten Sekunden explodieren zu müssen. Und während er tränenden Auges die Luft ansog zum nächsten schallenden Hatzi, durchfuhr ihn endlich die Erkenntnis: Du hattest ja ein Röhrchen mit Niespulver in der Hosentasche. Das ist aufgegangen, ins Taschentuch hinein. Ach so . . . hatzi, hatzi, hatz . . . Ach, das war ja fürchterlich. Man nieste sich ja die ganze Seele aus dem Leibe! –

Es dauerte noch eine gute Weile, bis der verängstigte Habakuk sich vorsichtig zu seinem Herrchen zurückwagte. – Dem aber waren inzwischen zwei Dinge klargeworden. Erstens: Das Niespulver war ausgezeichnet. Und zweitens: Man mußte es verwenden, friedlich und richtig, nämlich als Mittel zur Versöhnung. Jawohl! Denn wer wollte sich nicht den letzten Groll aus dem Leibe niesen bei dieser Qualität! Sie sollten sich zusammenniesen, die Gegner und Feinde. Und wer war dann der geniale Erfinder dieser Idee? Er mußte sich selbst antworten, da das ‚Volk' fehlte: ‚Paulchen Dahlke!'

Also ans Werk! Das heißt – das beste Pulver nützt nichts, wenn fünf Mann nicht da sind. So wartete Paulchen mit dem sorgfältig verwahrten Rest des Niespulvers im neu verschlossenen Röhrchen ungeduldig und siegesgewiß auf die Rückkehr der Kameraden. –

Als sie mittags aber alle wieder eintrudelten, schwirrte die Luft von Vorschlägen, Plänen und Ideen. Fast jeder hatte etwas zu bieten. Sie hatten alle Abhilfe schaffen wollen und überboten sich nun gleichzeitig mit ihren Einfällen. –

Ein Baumhaus bauen! Fußballspielen. Drüben auf der breiten Wiese! – Nein, Trickaufnahmen versuchen! Oder Kartoffelpuffer backen! Nein, nein: Einen großen, regelrechten Sportwettkampf!

„Wie?"

„Wir alle?"

Die Idee zündete. Außer Paulchen (dem allein bei dem Gedanken, laufen zu müssen, Schweißperlen auf die Stirn traten) waren alle sofort Feuer und Flamme dafür. Wuz freute sich im stillen, so einig waren sie lange nicht mehr gewesen.

„Nun erkläre doch mal!"

„Ruhe für den Wettkampfleiter!"

„Und Stoppuhren?" fragte Franz.

„Geht auch ohne", rief Benno, „nun, Wuz, schieß los. Wilhelm kratzt sich schon sein Startloch."

*

Um drei Uhr starteten die letzten. Wuzens Plan, den die anderen nur noch ergänzt und erweitert hatten, zerfiel in drei Teile. Alles in allem sollte es nicht um Sekunden oder gar Zehntelsekunden gehen. Das sei, hatte Wuz erklärt, im Grunde ja blöde. Nein, sie wollten in kleinen Gruppen eine große körperliche Leistung vollbringen, zu der Geschicklichkeit, Ausdauer, Spürsinn, Härte und Geistesgegenwart nötig seien. –

Die drei Teile des Wettkampfes waren folgende:

1. Marsch mit Wegfinden, Tragen von kleinen Stämmen über 400 Meter, gedachte Überquerung eines Abgrun-

des (dabei sollte jeder über ein Seil balancieren, das von Baum zu Baum gespannt war, und sich dabei an einem 1,70 Meter höher gespannten zweiten Seil halten), und schließlich Sprung von einem markierten Uferbaum ins Wasser.

2. Schwimmen. Dabei eine Rettungsschwimmübung über 25 Meter mit dem Kameraden als ‚Ertrinkenden'. Besteigen der Insel, dort so schnell wie möglich Feuer machen und Glut bedecken. Dann zum gegenüberliegenden Ufer weiterschwimmen im Schmetterlingsstil.
3. Langstreckenlauf zurück zum Wohnwagen mit Hinderniseinlage (auf einen gekennzeichneten Baum hinaufklettern und das Taschentuch oben befestigen).

Wuz und Niki hatten sich zu einer Gruppe zusammengefunden, Wilhelm hatte um Benno gebeten. „Klar, Wilhelm. Wir schmeißen das schon." Es war alles schnell und scheinbar unverabredet vor sich gegangen.

„Ja – und ich?" hatte Hannes verblüfft gefragt.

„Du – nun, da bleibt doch . . ."

Benno und Wilhelm und Wuz hatten sich scheinheilig und harmlos tuend im Kreise umgeschaut.

„Ach so – der Franz!"

Hannes hatte wohl etwas sagen wollen, aber dann doch geschwiegen. Franz, das hatte man gemerkt, fühlte sich durch das verächtliche Schweigen beleidigt.

„Na, willst du . . .?“ fragte er.

„Meinetwegen.“

Sie waren heilfroh, als Franz nichts erwiderte. Er schluckte wütend ein paarmal und ging dann rasch zum Wagen, seine Sportsachen rauszusuchen. – Als letzter war Joli unter erleichterten Bedingungen Niki und Wuz zugeteilt worden, Paulchen blieb als Wagenwächter. Er seufzte gottergeben:

„Ich habe eben immer die schwerste Verantwortung.“ –

Nun also waren sie gestartet, nachdem vorher das Baumseil gespannt, die Kletterbäume und der Absprungbaum markiert und die Baumstämme bereitgelegt waren.

Als erste waren die drei, dann Wilhelm und Benno gestartet und wiederum fünfzehn Minuten später endlich Franz und Hannes.

„Schlaf nicht ein, Paulchen. Zieh deine Uhr noch mal auf, schreib b die drei Gruppenzeiten auf, hörst du?“

„Ja, ja. Nur gut, daß ihr mich habt. So – Achtung. Jetzt ist's Zeit.“

Und ohne ein Wort zu wechseln, waren die beiden Gegner Franz und Hannes nun Seite an Seite losgetrabt, hatten sich am Waldesrand jeder einen kurzen, dicken Stamm auf die Schultern geladen und marschierten nun mit frischen Kräften und großen Schritten schweigend dahin.

Es war natürlich unvernünftig, das Tempo immer mehr zu steigern. Aber da jeder auf keinen Fall langsamer als der andere sein wollte, trieb einer den anderen, steigerten sie sich gegenseitig allmählich so, daß sie bald schwitzten und hastig atmeten. Der Stamm auf der Schulter wurde davon nicht leichter.

Und dann war plötzlich diese heimtückische Wurzel da gewesen. Hannes hatte sie gar nicht wahrgenommen. Er blieb hängen, versuchte sich zu halten, stolperte, stürzte, brach mit dem Baumstamm der Länge lang hin. Dabei schlug der Stamm im Auffallen gegen Hannes' Kopf. Krach – bum. So, da lag Hannes. Franz wird lachen, war Hannes' einziger Gedanke. Er riß sich hoch. Der Kopf dröhnte noch, – gleichgültig; das linke Knie war leicht aufgeschlagen, – lächerlich. Erst als er den Stamm, leicht taumelnd, wieder auf die Schulter hob, spürte er, daß auch da die Haut abgeschürft sein mußte. Aber wechseln, den Stamm wegen solcher Kleinigkeit auf die andere Schulter nehmen? Nein! Nun gerade nicht.

Franz hatte gar nicht gelacht. Im Gegenteil: Als das Holz dem Hannes gegen den Kopf schlug, war er erschrocken und auf Schlimmes gefaßt. Nun, da Hannes, als sei nichts geschehen, weiter wollte, sagte er – er tat das erste Mal den Mund auf:

„Wir sind gut marschiert. Wir können gern ein paar Minuten Pause machen."

„Was denkst du denn", erwiderte Hannes, es klang fast hochmütig. „Komm weiter."

„Wie du willst."

*

Währenddessen waren Wuz, Niki und Joli schon auf der Insel. Das Baumseil hatte man Joli erlassen; dann beim Absprung aus der hohen Kiefer hatte Joli allen Mut zusammennehmen müssen. Er hatte sogar einen Augenblick die Augen geschlossen. Aber dann war er einfach losgesprungen und ziemlich unglücklich aufgekommen.

„Du bist ja runtergesprungen, als sei einer hinter dir her", hatte Niki lachend beim Weiterschwimmen zu Joli gesagt.

„So?" Im stillen hatte Joli dem Freund recht gegeben: Es war wirklich einer hinter ihm her gewesen – die Angst! Noch eine Minute gewartet, wußte er, und ich springe nie mehr. Und da also hatte er sich hinabgestürzt. –

Auf der Insel sollte ein Feuer gemacht und dann gelöscht werden. Holz, dürres Laub, trockenes Gras waren im Handumdrehen zusammengerafft. Aber – das fehlte gerade noch – die Streichhölzer waren etwas feucht geworden, obgleich sie mit den Sportsachen vor dem Sprung ins Wasser am Ufer abgelegt, dann geholt und auf den Kopf gebunden worden waren. –

Die drei rissen und rieben und schabten, ein Holz nach dem anderen, – vergebens. Die Reibfläche begann sich aufzulösen, immer noch kein Funke.

Da, endlich, als sie's schon aufgeben wollten (Wuz hätte die Schachtel beinahe vor Wut ins Wasser geschleudert!), da flammte eines auf. Hurra! – und erlosch! – Noch fünf Hölzer, noch vier, noch drei – da, wieder ein Flämmchen! Sie schütz-

ten und hüteten es und sahen darauf, als wäre es die erste Flamme auf dieser Erde. Und dann flammte das alte Gras auf. Gerettet!

Es tat ihnen dann fast leid, die Feuerstelle mit Sand bedekken, das so mühsam erkämpfte Feuer ersticken zu müssen.

Aber hier gab es nur ein Gesetz: Weiter!

Geschafft! Dort spannt sich das Kletterseil von Baum zu Baum. Hannes stößt den Stamm zur Erde. Die Schulter brennt, sie ist etwas angeschwollen. Und der Kopf schmerzt auch. Aber das braucht keiner zu wissen – der Franz am wenigsten.

Übrigens klettert der schon hoch. Probiert, setzt den Fuß auf, greift nach oben ins Halteseil und geht – sicher und ruhig – los. Das Seil schwankt, das Seil bebt, aber alles sieht von unten doch recht leicht und lustig aus. Kaum ist Franz an der anderen Seite angekommen und steigt vom gegenüberliegenden Baum, da klettert Hannes hoch und macht sich daran, das Seil zu bezwingen. Die ersten Schritte gehen fast leichter, als er erwartet hat. Unwillkürlich wird Hannes kühner, schneller. Das Seil bebt und schaukelt. Das Halteseil entfernt sich und kommt wieder näher, der Abstand wächst wieder – – Aber da hat Hannes schon den nächsten Schritt getan und hält krampfhaft die Sohle über dem schmalen, harten Seil, er faßt, soweit es der Turnschuh zuläßt, mit den Fußsohlen um das Seil, er klammert sich fest, – weiter, noch ein Schritt. Noch größeres Schwanken, Schaukeln, Zittern – die Mitte liegt noch vier oder gar sechs Schritte entfernt. Bis dorthin wird das Beben und Schwanken wohl noch anwachsen. Werden nicht die beiden Seile immer dünner, unsichtbarer? Es ist so furchtbar viel Luft ringsumher, nur Luft, vor allem unten . . .

Und nun ist sie plötzlich da: Die abgewehrte, unvernünftige, ja sinnlose – Angst! Hannes starrt hinunter, eine lähmende Hilflosigkeit überfällt ihn, er klammert sich oben fest, meint, jeden Augenblick weiche das schmale, bebende Seil unter ihm zurück! Nein! Er versucht sich zuzureden, sich zu beschimpfen, auszulachen – das Ganze harmlos zu nehmen. Aber ein Blick voraus, ein halber Blick hinunter, und schon ist die Verkrampfung wieder in jeder Faser seines Leibes.

Bemerkt Franz unten, was ihm hier oben geschieht? Lacht er etwa? Grinst er?

Hannes steht. Kann nicht weiter. Vielleicht sind es nur Sekunden. Ihm aber scheint es eine Ewigkeit, eine einzige furchtbare Schande.

Da spricht Franz. Wie? Was sagt er?

„Komisch. Mir ist vorhin genau an der gleichen Stelle schwindlig geworden. Ein blödes Gefühl, nicht wahr?"

Hat Franz das wirklich gesagt? Tatsächlich? Aber da geschieht gleich noch ein zweites Wunder hinterdrein: Der Krampf löst sich, die Angst wird lockerer, sie preßt nicht mehr Herz und Kehle zusammen. Hannes versucht sogar, zu Franzens Worten zu lachen, und es kommt auch irgendein heiseres Gekrächze heraus. Und dann tut in ihm etwas einen Schritt – noch einen, wirklich: es geht. Zwar schwankt noch alles, auch die Erde, zwar ist die Stirn schweißnaß und die Hände auch, aber er geht, geht, hält, nähert sich, greift, hebt, tritt auf, geht – und siegt.

„Bravo", ruft Franz. „Die Dösköppe hätten das Seil anständig spannen sollen, das ist ja die reine Achterbahn."

Hannes steigt vom Baum. In ihm wogt alles durcheinander. Es ist ihm peinlich, dem Franz ins Gesicht zu sehen. Er weiß auch gar nichts zu sagen. Richtig dumm kommt er sich vor. Und doch ist ihm so leicht wie seit Wochen nicht.

*

Benno und Wilhelm sind in ihrem Element. Sie brauchen aufeinander keine Rücksicht zu nehmen. Jeder weiß, daß der andere ihm an Kräften nicht nachsteht. So toben sie sich richtig aus, versuchen, den anderen durch noch größere Geschwindigkeit zu reizen, zu bluffen. Aber der andere schießt noch schneller vorwärts, setzt seine Reserven ein, holt auf... Nein, es hat keinen Zweck, diese Steigerung hält keiner durch. Sie lachen sich an und gehen auf ruhigeres Tempo zurück. Aber auch das genügt noch:

Schmetterlingsstil, anstrengendste Schwimmart! Es ist ein herrlicher Anblick, wie sich die zwei bronzefarbenen Leiber wasserglänzend immer wieder hochschnellen, wie die Arme, braun und sehnig, hochgeschleudert und ins Wasser gedrückt werden. Die Lungen arbeiten unerhört, die Herzen hämmern gegen die Rippen; – hoch – nieder, hoch – nieder. Das Wasser spritzt und schäumt, die beiden meinen, selbst Wasser und Welle zu sein, in herrlicher Gemeinsamkeit, aber doch kämpfend, Seite an Seite, um jede Handbreit Vorsprung ringend, so schießen sie durchs Wasser, weiter, weiter, vorwärts!

Bis Grund unter den Füßen auftaucht. Sie taumeln hoch, spucken, keuchen, lachen, schütteln sich wie Hunde, die aus dem Wasser kommen, und heben, immer noch schwer atmend, die Arme, senken sie ausatmend; ach, das war herrlich!

*

Aber was den beiden Großen, Kräftigen als Hochgenuß erschien, war für Joli eine übergroße Strapaze gewesen. Nur mit Mühe hatte er den geforderten Schwimmstil durchgehalten. Er war zurückgeblieben, und Niki und Wuz hatten absichtlich ihr Tempo gemindert, um ihn nicht zu sehr abzuhängen. Als er schließlich am Ufer anlangte, mußten sie eine kleine Pause einschieben, so sehr war Joli am Rande seiner Kräfte. (Aber er war ja auch ihr Jüngster und immer noch zart im Vergleich zu allen übrigen.)

Doch da hatte Wuz Benno und Wilhelm drüben auf der Insel entdeckt. Hatten die schon Feuer angezündet? Kamen sie ihnen bereits nach? Es blieb nichts anderes übrig, als im Wettkampf fortzufahren, wollten sie nicht überrundet werden. Und das durfte nicht sein! Joli sah es ein. Etwas bedrückt schaute er den Strand entlang. Verflixt, zog der sich endlos in die Länge. Und ganz, ganz da unten, klein und fern, stand der Wohnwagen.

„Also los, Kindersch!" befahl Wuz.

„Alles in Ordnung?“ fragte Niki und sah besorgt auf den Freund.

„Ja“, antwortete Joli leise. –

Und nun ging es los. – Wenn man wenigstens hätte dahinlaufen können auf glatter, fester Strecke. Aber es ging auf und ab, von Sand zu Gras, ein paarmal über schlüpfrigen Schlamm. Steine lagen im Weg, Äste schlugen, ja, peitschten einem ins Gesicht, man stolperte, die Beine waren so schwer, und schon wieder ging's aufwärts, – ein Loch – Joli trat fehl, Schmerz und Schreck und weiter! Nicht zurückbleiben! Nicht erst Abstand aufkommen lassen. Hielten die Kameraden etwa seinetwegen sich zurück, sahen sie sich fragend an? Zum Donnerwetter, nein, das wollte er nicht! Joli rannte, als gelte es sein Leben. Es brauste ihm in den Ohren, dröhnte ihm im Kopfe, er sah schon nicht mehr, wo er hintrat – weiter! Warum sollte sein Körper nicht auch einmal so etwas durchhalten, das war nur Willenssache . . . Ach, ausgerutscht, der Knöchel brannte. Die anderen ziehen dir fort. Los, los, los! Joli keuchte, Seitenstiche, Herzbeklemmung – lächerlich, er war doch keine Zimperpuppe, er wollte es schaffen. Jawohl, bin ich. Oder haben die nur aus Mitleid gebremst? Das sollt ihr nicht. Ich schaff' es auch so. Warum so langsam? Mit verzerrtem Lächeln setzt Joli sich an die Spitze und läuft, rennt, rennt, sprintet mit ganzer, letzter, bedingungsloser Hingabe. Er denkt nur eines noch: Nicht schlappmachen! nicht schlappmachen! Kein Mitleid! Laß mich durchhalten, lieber Gott, gib mir doch auch Kräfte, bitte. Weiter, weiter, weiter! –

„Joli, wo willst du denn hin?"

Er taumelt wie ein aufgeschreckter Nachtwandler.

„Hier ist doch der Kletterbaum."

„Der . . . was?"

Erst langsam begreift er. Letzte Wettkampfaufgabe: Die hohe Buche erklettern und das Taschentuch oben befestigen. – Erwachen und Zusammensinken sind eins. Schluß, denkt Joli, beim besten Willen, beim allerbesten Willen, ich k a n n n i c h t mehr.

Wuz ist schon in den Zweigen. Wie leicht es ihm fällt. Niki, wo ist Niki? Ach, da. Warum starrt er mich so an, was ist denn an mir zu sehen?

„Joli", Niki ist plötzlich dicht bei ihm. „Joli", sagt er, „schnell, gib mir dein Taschentuch."

„Meins? Warum denn?"

„Du, ich hänge deins oben in die Äste."

„Aber Niki."

„Doch, laß mich. Wuz wird nichts dagegen haben."

„Nein", Joli sieht in aller Abgekämpftheit doch noch zornig und unheimlich entschlossen aus.

„Nein", stößt er noch einmal hervor. Hat der Zorn, die Angst, schwach zu werden, doch noch letzte Kräfte in ihm aufgestachelt! Er geht zum Stamm und beginnt, ohne noch etwas zu sagen, ohne auch nur einmal hochzublicken, hinaufzuklettern.

Mechanisch greift er, zieht er sich, hält er sich, steigt er. Stumm verbissen, aber mit dem furchtbaren Gefühl, daß er nicht mehr kann, daß es nur noch Sekunden dauern wird, bis er kapituliert. Und dann . . .?

*

Zur gleichen Zeit beißt Paulchen in ein herrliches Wurstbrot. Sein breiter Mund wird dabei noch weiter, er öffnet gewissermaßen den ganzen Kopf, so fleißig ist er beim Essen.

„Schmeckt's?" fragte die eine der vier Blaubeerensammlerinnen, die er getroffen hat, als er mit Kille und Habakuk ein klein wenig waldein gestromert ist. Die Frauen haben ihn zu ihrem Waldvesperbrot eingeladen.

Jetzt antwortet Paulchen etwas, aber man hört nur dumpfe Urlaute, die Worte vermögen sich nicht durch Bauernbrot und Knackwurst hindurchzuzwängen. Doch das ist gleichgültig. Seinem sommersprossigen Gesicht entstrahlt so viel Behagen, daß es der Worte nicht bedarf.

„Komm, trink auch mal", sagte eine Zweite und schlägt eine Mücke von der Backe, während sie ihm ihr Emaillekännchen hinhält. Paulchen vermag auch mit übervollem Munde zu trinken. Es gluckert sogar. Was haben Frauen lieber als dankbare Gäste. So verwöhnen sie ihn. Allerdings neben der

Gastfreundschaft steckt auch viel Neugier in den vier Beerensammlerinnen. Sie haben sich fast alles Neue erzählt. Abwechslung ist willkommen. Und was täte Paulchen neben dem Essen (an zweiter Stelle – an erster steht selbstverständlich das Essen) lieber als Erzählen. Er läßt sich wie ein Negerfürst oder wie ein Nordpolforscher interviewen. Und seltsam:

Alles, was er sagt, ist wahr, aber es klingt dreimal so wichtig wie bei anderen.

„Und was macht ihr nun hier?"

„Zur Zeit ein phantastisches Marathon."

„Was?"

„Wie sieht das denn aus?"

„Das ist griechisch", sagt Paulchen lässig, „da läuft man, bis man tot umfällt."

„Um Gottes willen."

„Das heißt, ganz kurz davor darf man aufhören."

„Ach so. – Und das tut ihr so einfach zum Vergnügen?"

„Hm. Wir sind eben solche Sportnarren."

„Und du?"

Paulchen seufzt: „Ich habe die schwerste Aufgabe."

„Tatsächlich? Was denn?"

„Die Verantwortung. Da fragt keiner: Willst du lieber laufen oder schwimmen? Da heißt es immer: Paulchen bewacht alles . . ."

„Was habt ihr denn zu bewachen? Euer Zelt?"

„Zelt", Paulchen dehnt seine Stimme voll Verachtung. „Unseren Wohnwagen mit Klappbänken, mit Glocke, Schießscharten, Geheimfach, Hängematte, Ofen, Speiseschrank. Dazu unsere Tiere."

„Tiere?"

„Und ob. Ach ja, diese Verantwortung."

„Was für Tiere? Der Köter da?"

„Auch. Es ist übrigens ein Hund. Das heißt: eigentlich eine Hündin. Dann Kaspar und Kathrine, wertvolle Schimmel, und vor allem unser lieber, schutzbedürftiger Habakuk."

„Haba – wie sagst du?"

„Habakuk, ganz einfach Habakuk. Gefällt er Ihnen?"

Vier Schreie durchgellen den Wald, eine Kaffeeflasche entleert sich ins Blaubeergestrüpp, als Paulchen mit überraschendem Griff Habakuk zutage fördert. Dann aber wandelt sich der Schreck in Zärtlichkeit. Und eine neue Welle mütterlicher Besorgtheit ergießt sich diesmal über den Hamster. Paulchen freut sich geschmeichelt daran, zumal sie ihm einige weitere Leckerbissen und Beerenkostproben zuträgt. –

*

Seitdem Franz so fabelhaft anständig Hannes über die peinlichen Minuten auf dem Seil hinweggeholfen hatte, waren sie ganz anders als bei der Anfangsstrecke zusammen gelaufen, geschwommen und vorwärts gekommen. Ein Wort, ein Kopfnicken, ein kurzes Lachen – und sie verstanden sich und freuten sich darüber, ohne davon zu reden.

Das Feuermachen hatte rasch und zünftig geklappt. Das Schwimmen im Schmetterlingsstil hatten sie übermütig frech hinter sich gebracht wie zuerst das Rettungsschwimmen, wo sie abwechselnd ‚Versaufender' gespielt und sich grinsend bemüht hatten, schwer wie ein Mehlsack im Wasser zu schleifen. Nun kam als letztes die Langstrecke. Die Sportsachen waren bei der zweiten Schwimmstrecke doch noch recht naß geworden. Aber Franz meinte: „Wer rennt, trocknet." Und so jagten sie nun, mit ihren Spikes an den nassen Füßen, in herrlichem Tempo, durchaus noch nicht müde, die oft unwegsame Uferstrecke entlang. – Hannes hatte das Gefühl, jetzt, da Franz wieder der alte war, jetzt sei er selbst plötzlich noch mal so stark wie vorher. Komisch. Aber es war so. – Und Franz stieß ab und zu irgendwelche tierischen Laute aus, weil er sich so freute und am liebsten dem Hannes, diesem guten Stück, diesem alten Dickschädel, diesem verflixten Sturbock, aus lauter Freundschaft kräftig ins Hinterteil getreten hätte.

Dann wären sie fast am Kletterbaum vorbeigeflitzt. Stoppten, lachten und begannen in echtem Affentempo hinaufzuklettern. Die Buche gabelte sich bald, so konnten sie nebeneinander und im Höhenwettbewerb in die Krone steigen. Franz hatte etwas Wildkatzenartiges. Wo Hannes mit Kraft und Energie kletterte, klomm er fast spielend empor, geschmeidig, behend, mühelos.

Bald schon flatterten neben vier Tüchern – warum eigentlich nicht fünf? – noch ihre beiden, fröhlich und lustig.

Dann hinunter. Hannes riß sich die Oberschenkel auf, scheuerte sich wund, als er vor Franz an der Gabelung sein wollte. Er zwang es tatsächlich noch, aber da sprang dieser tollkühn gleich aus der Gabelung ins Gras. Und stand lachend auf: „Du kommst ja auch schon, hoher Chef."

„Du Schuft", lachte Hannes.

Dann rasten sie weiter. Jetzt gab es keine Rücksicht mehr. Das war die Endstrecke, nun letzte Kraft heraus, keinen Pardon – Endspurt! –

Sie zogen sich gegenseitig, steigerten sich, rasten – wo der Weg es erlaubte – in großartigem Laufstil Schulter an Schulter dahin, die Köpfe zurückgeworfen, in letzter, höchster Konzentration, alle Vorsicht beiseite lassend, ein bei diesen Wegen halsbrecherisches, unwahrscheinliches Tempo. Warum sie so rasten? Weil es unbeschreiblich schön war und – ja, weil . . .

Aber da – ein unterdrückter Aufschrei: Franz knickte ein, brach zusammen. Hannes riß sich herum, hielt, stutzte, sprang zu dem Freunde hin.

„Umgeknickt. Saublöd. Der Fuß."

Im Nu schwoll der an. Ein Versuch, aufzutreten, mißlang trotz aller Härte und Tapferkeit. Knirschend vor Wut sackte Franz in sich zusammen. „Lauf", stieß er, ärgerlich und den Schmerz unterdrückend, hervor, „lauf, daß du wenigstens das Ziel erreichst."

Aber Hannes dachte nicht daran. Er versuchte, Franz zu stützen, die letzte Strecke zu führen. Umsonst. Ein Altersheim wäre schneller gewesen. Franz wurde richtig schroff und gereizt. „Geh doch – laß mich doch in Ruhe." Er verschwieg, daß der Fuß fürchterlich schmerzte. –

Aber Hannes blieb. Er überlegte. Die anderen holen? Den

Fuß kühlen? Nein – nur eines gab es: Den Freund aufladen und durchs Ziel tragen. Sie versuchten es, und es ging. Freilich wurde Franz schon nach zwanzig Metern immer schwerer, lastender. Hannes' geschwollene Schulter machte sich wieder bemerkbar, die wundgeriebenen Innenseiten der Oberschenkel brannten bei dem mühsamen Gehen, ja, Laufen. Denn immer wieder zwang Hannes sich, mit dem Kameraden auf dem Rücken zu laufen, sosehr er dabei keuchte und schwitzte und ab und zu fast zu Fall kam. –

Da rief jemand. Die anderen, vom Wohnwagen her, sie hatten die beiden kommen sehen und liefen ihnen nun entgegen.

„Gib acht, falls ich stürze", stieß Hannes noch hervor. Dann setzte er zum Endlauf an, und jetzt erst wußte er, was Marathon bedeuten konnte. Mit offenem, keuchendem Mund, starren Augen, sich immer und immer noch mehr abfordernd, rannte er, von den anderen allen begleitet, näher und näher auf den Wagen zu, noch näher, bis dorthin, wo Paulchen ein großes Schild an das Topfregal geheftet hatte:

Ziel!

Ziel, jetzt erst echtes, großes Ziel. Ziel von Marathon! Mit dem Feinde gestartet, mit dem Freund auf den Schultern es mühsam erreicht, keuchend, schweißnaß, total erschöpft – – aber überglücklich.

Herr X erzählt um Mitternacht

Das waren Tage! Der Zaubersee, die Uferwiese, das schöne Sommerwetter, ach, und ihr alter, lieber Wohnwagen schienen ihnen nun noch schöner als bisher.

Der Fußball merkte es besonders, wie gut die Stimmung der Mannschaft war. Bäume als Torpfosten gab es genug. Die Schuhe litten zwar (nur zwei hatten Fußballschuhe mit), aber das Leder lockte, und so knallten denn scharf geschossene Bälle auf die festgewurzelten Torpfeiler, immer neu stürmten die sieben Rabauken an im harten Kampf um den Ball. „Bremer Bude" nannten sie ihr Spiel, beide Parteien schossen auf ein Tor, kämpften in derselben Richtung, es war gleichgültig, wieviel sie waren.

Franz allerdings saß am Rande und kühlte seine blöde Flosse, wie er sagte, aber er war bei aller Ungeduld doch bester Laune, denn der dick verschwollene Knöchel erst hatte ihm ganz die Aussöhnung mit Hannes gebracht. Das würde er ihm nie vergessen, wie er mit ihm auf den Schultern durchs Ziel gekeucht war! –

„Unser Trainer", nannten sie Franz, wenn er seine kritischen Bemerkungen machte. Und ab und zu begannen sie ihn schon zu necken.

„Du kannst doch auf den Händen laufen, Franz, spiel doch mit."

„Das möchte euch so passen, was. Und der Schiedsrichter

pfeift dauernd ‚Hand', und wir bekommen Strafstoß auf Strafstoß."

„Hast du dich eigentlich den ganzen Weg von Hannes tragen lassen?"

„Nein, im Wasser und auf dem Seil bin ich mal abgestiegen." Hannes sah etwas verlegen auf Franz, aber der sagte nichts mehr, nein, der war ein Ehrenmann – das blieb ihr Geheimnis, was sie am Seil erlebt. –

Auch das Essen war besser geworden, wesentlich sogar. „Wer ernährt euch alle, Faulpelze und Sportangeber?" fragte Paulchen in diesen Tagen oft. Und sie lachten und schrien im Sprechchor: „Paulchen Dahlke!"

„Danke, danke. Man tut, was man kann." Und er nahm sich den fünften Teller voll.

Daß er sich solche Verdienste um ihren Magen erworben hatte, kam so: Wie stets, wenn er Bekanntschaften gemacht, pflegte er sie auch. So hatte er schon am nächsten Tage die Beerensammlerinnen besucht, und da er auf diese Weise in vier Familien gekommen, hatte er viermal reichlich essen müssen und dabei das unerhörte Wunder erlebt, daß sogar er einmal ganz satt geworden war, ja, daß ihm am Ende seiner Besuche ganz elend zumute gewesen und er mit Magendrükken und Übelkeit, ganz leidend heimwärts, also wohnwagenwärts gezogen war. Aber der Triumph hatte ihn bald wieder geheilt, der großartige Empfang, den die anderen ihm bereitet, als er gönnerhaft seine ‚kleinen Mitbringsel' ausgepackt hatte. Aus Hosentaschen und Hemd, aus Tüte und Karton, aus Flasche und Beutel hatte er nach und nach und in geschickter Steigerung seine Schätze hervorgeholt und ihnen buchstäblich unter die Nase gehalten: „Da riecht, seht's euch an, was ist das? Schinken? Und hier: Eierchen, niedliche, frische Eierchen. Und das: S-p-e-ck, Speck, jawohl! – alles von Firma Dahlke. Ihr armen Irren lauft euch hungrig, aber ich sorg' für euch wie eine Großmutter."

Er genoß seine Bescherung, und ihr Schmatzen war ihm Musik in den Ohren.

„Übrigens", sagte er wie nebenbei, „ich soll bald wiederkommen."

„Ich komme mit!"

„Nein, ich!"

„Nimm mich mit, Paulchen."

Sie schrien wild auf ihn ein. Er winkte ab. „Nein, nein, das ist Geheimdiplomatie, das tu' ich allein. Aber ihr dürft mich am Dorfeingang abholen, falls ihr Lust habt." (Daß er nicht wieder so weit die Fressalien schleppen wollte, verschwieg er.)

Das Kochbuch wurde nun häufiger gebraucht; man hatte die Mittel, sich an schwierigere Leckerbissen heranzuwagen. –

Was war denn eigentlich das Schönste in diesen Tagen? Ob doch und immer wieder das Wasser?

Sie genossen es einmal sogar zu Pferde. Wilhelm hatte festgestellt, die armen Schimmel müßten dringend einmal in die

Schwemme. Und so ritt er Kathrine und Hannes Kaspar ins Wasser. Es war nicht ganz einfach, festen Sitz zu halten. Sie preßten die Oberschenkel fest an die nassen Pferdeleiber, hielten sich wohl auch in den langen Mähnen fest, wenn sich die Pferde zu lebhaft im Wasser bewegten oder gar voll Übermut sich zu beißen begannen. Das Wasser schlug um Mann und Pferd zusammen, die Kameraden spritzten, riefen, einmal wechselte Hannes mit Benno, dem es erst beim zweiten Versuch gelang, sich auf den nassen Pferderücken zu schwingen. – Auch Paulchen paddelte munter in dem Trubel umher; das Fett trug ihn fast allein. – Kille aber war nur glücklich, wenn man ihr ein Stöckchen weit ins Wasser hinauswarf, das sie dann japsend holte und überglücklich und stolz apportierte. –

Schwalben schossen über ihre Köpfe hinweg. Erste Fledermäuse huschten im späten Abendlicht dahin. Das Toben und Spritzen im Wasser wurde immer ausgelassener. Allmählich wagte sich einer nach dem anderen an oder sogar auf die schwimmenden Pferde. –

„Ich hab's kurz skizziert", sagte Wuz hinterher. Er war still an Land gegangen und hatte sich mit dem Block aufs Wagendach gehockt und gemalt. Die fast kaffeebraunen Jungengestalten neben und auf den weißen Pferden im schieferfarbenen Wasser des Sees und darin letztes Abendlicht in kleinen Flimmertupfen – das hatte ihm so gefallen, daß er's gleich hatte festhalten wollen. –

„Das schick' ich der Mutter, wenn's fertig ist."

„Ach, eben", rief Hannes, der Wagenvater, „Post schicken! Das müssen wir alle einmal. Sonst lassen die zu Haus uns von der Polizei suchen."

„Morgen, heute nicht mehr", gähnte Wilhelm. (Er dachte an den Großvater, und daß dem damals die Wohnwagenjungen so gut gefallen hatten. Jetzt verstand er's. Oh, ja, aber damals hatte es ihn gefuchst.)

„Übrigens", sagte Niki, und man sah es ihm an, daß es ihm gleichzeitig peinlich und wichtig war, „übrigens, ich habe noch eine Strophe zum Wohnwagenlied gedichtet."

„Ja? Fein. Los, raus damit."

„Ach, warte, bis wir im Zelt liegen."

„Ich bin auch gleich fertig."

Als sie dann alle lagen, im Zelt, im Wagen, auf der Wiese, begann Niki. Er sang nur halblaut, und gerade deshalb paßte es gut in diese Nachtstunde:

„Wir kämpften zusammen, die Strecke war weit,
wir rannten und schwammen, stets Seite an Seit,
und ging's nicht mehr weiter, und wenn einer fiel,
so trug ihn der Freund auf der Schulter durchs Ziel.
Ahoi! Ahoi!"

Begeistert stimmten sie alle in den Kehrreim ein:

„Unser Glück ist auf vier Räder gestellt,
und jeden lieben Morgen neu.
Ahoi, Kameraden, ahoi!"

Sie sangen es gleich noch mal und dann bei Mundharmonikabegleitung zum dritten Male. –

Nur Niki, der Verfasser, der vor Freude aufgestanden war, bemerkte, daß Joli sich still ins Dunkel schlich. –

Als die anderen schlafen, steht Niki wieder auf. Er braucht nicht lange zu suchen. Am Ufer sitzt Joli und starrt über das kaum sichtbare, ganz leise gluckernde Wasser. Er schrickt zusammen, als Niki plötzlich hinter ihm auftaucht. Der setzt sich wortlos neben ihn und wartet. Weit hinten am Horizont wetterleuchtet es ab und zu. Die Luft riecht nach Wasser und Erde, die Bäume scheinen all den Sonnenduft des Tages auszuströmen.

„Ich schaff's doch nicht", sagt Joli, halb traurig – halb zornig.

„Was denn, Joli?"

„Du weißt es doch."

Und als Niki nicht antwortet, fährt er halblaut fort: „Ich bin nicht einmal auf den Baum hochgekommen. – Und ihr seid alle so anständig und tut, als sei das gar nicht so schlimm."

„Du bist doch auch der Jüngste von uns."

„Trotzdem. – Und euch beiden hab' ich noch den Sieg verdorben. Nur meinetwegen seid ihr auf den letzten Platz gekommen."

„Es geht doch nicht um Zeit, sondern um den guten Willen."

„Ach, das ist alles nur Mitleid."

Es ist eine lange Weile still. Dann sagt Niki ruhig: „Ich finde, du hast die schwerste Probe bestanden neulich beim Wettkampf."

„Ich . . .?"

„Ja. Daß du dein Taschentuch nur selbst oder gar nicht oben im Baum aufhängen wolltest."

Joli antwortet nicht. Es wird ihm ganz heiß am Herzen und im Kopf. Er spürt wieder die Erschöpfung, die Angst, die Versuchung, den Zorn dagegen, die letzte krampfhafte Anstrengung – und dann die Schmach, die gräßliche, beschämende Sekunde, da er aufgeben mußte. Am liebsten hätte er sich einfach fallen lassen, wie ein Stein. Nichts mehr sehen und hören. Alles war nur Schande oder Mitleid.

„Du hast bis zum Allerletzten gekämpft", sagt in dem Augenblick Niki. „Das ist es doch, was man mit Marathon meint; bis zum Letzten durchzuhalten, das ist das Entscheidende. –"

Joli ist nicht fähig zu antworten, so befreiend kommt ein großes, herrliches Glücksgefühl über ihn. Er kann es nicht ändern, Tränen treten ihm in die Augen; er möchte Niki etwas sagen, ihm danken, aber er weiß nicht, wie er es anfangen soll. – Als er endlich spricht, klingt seine Stimme heiser: „Glaubst du das alles wirklich, Niki?"

„Aber ja doch." –

Ein mächtiges, flackerndes Wetterleuchten überzuckt den Himmel, und einen Augenblick lang werden klein und einsam die zwei Freunde am Wasser sichtbar, wie sie dicht beieinander hocken.

*

Sie sind weitergefahren. Kaum je ist ihnen ein Abschied so schwer gefallen. Bis zum letzten Tage kamen noch neue, schöne Dinge und Einrichtungen zu ihrem Uferlager hinzu. Zuletzt noch die Baumwohnung mit Leiter, abgestütztem Hochsitz und Quersitzen hoch oben im Geäst.

Wuz hat bei der Weiterfahrt dem Zaubersee eine Abschiedsstrophe gewidmet. Jedesmal, wenn sie in Hitze und Straßenstaub sie singen, überkommt sie die Sehnsucht nach Wasser und Wiese, Kühle und Frische, Morgenbad und Abendschwimmen. Drum singen sie diese neue Strophe besonders gern:

„Der See war so weit und die Wiese so weich,
der Wald rings voll Beeren und ganz unser Reich.
Wir tobten im Wasser und dösten im Sand.
Wo war es am schönsten – im Wasser? am Land?
Ahoi, ahoi!"

Dann laut und leidenschaftlich der Kehrreim, und tausend Erinnerungen schwingen in ihm mit.

Wenn sie sich gegenseitig gefragt hätten, was in diesen Fahrttagen das Wichtigste gewesen sei, wahrscheinlich hätte keiner es klar zu sagen vermocht, so reich und vielseitig war ihr

Wanderleben: Beerenessen und -sammeln, Musizieren und singen, Wagenausbessern und Pferdestriegeln, Kochen mit und ohne Kochbuch (Essen aber immer m i t Appetit, nein, Hunger, nein: Heißhunger!), Freundschaft mit Kille und Kaspar, mit Habakuk und Kathrine. Aufnahmen mit und ohne Geschick, mit Köpfen und ohne Köpfe. Wuzens Bildermalen und Franzens und Bennos technische Gespräche. Beobachten von Waldgetier und Sammeln von Steinen. Sogar Briefe nach Hause, abgeschickt oder auch in der Hosentasche zerknittert und vergessen. Erkundungen von neuem Gelände und Streifzüge vom haltenden Wagen aus – ach, die waren ganz besonders schön! Nachträgliches, heimliches Verwenden von Paulchens nicht benötigtem Versöhnungsniespulver. Ärztliche Betreuung von Franzens Fuß (der immer wieder schlimm wird, weil Franz so leichtsinnig ist), Beobachten von äsenden Rehen und von Wasserhühnern durch das Fernglas, nächtliche Überfälle und Jagereien mit Gespensterspuk (wenn auch der weggeschleuderte Fußballkopf nicht mehr zieht) – ach, und noch so vielerlei, was die Tage viel zu kurz erscheinen läßt, viel zu kurz. –

Und dann zieht der Zufall den Wohnwagen plötzlich in eine seltsame, kleine Welt hinein.

Der Zufall bestand aus einer Baumlücke und dem Umstand, daß von den acht Wohnwagenjungen ausgerechnet Franz oben auf dem Dach saß, (weil er seinen Fuß schonte).

Sie waren durch ein größeres Dorf gefahren, Felder und Wiesen und ein kleines Wäldchen säumten wieder die Straße. Nun begann linkerhand eine alte Steinmauer, über die breite, mächtige Kastanien und Ahornbäume schatteten. Schade. Franz hätte sonst gern und gut in das mauerumgebene Anwesen hineingeschaut. Und dann kam die besagte Baumlücke. Ein schneller Blick, und schon lachte Franz. „Museumsstück", rief er, „das Urauto."

Er lachte noch, als schon die Baumkulisse wieder den Einblick verhinderte. Aber ehe noch die anderen fragen und hören konnten, was Franz denn eigentlich gesehen habe, hupte es. Auch dies Hupen klang recht sonderbar. Und es kam – kein Zweifel – drüben von dem Grundstück. – Sie hielten. War das ein Zeichen für sie gewesen?

Jetzt lachte jemand, es klang ganz gemütlich. Und schon gewahrten sie auch einen Männerkopf über der Mauer. Die Haare unordentlich, braungebrannt das Gesicht, auch die Schultern, die nun auftauchten und die Arme, die sich breit und bequem auf die Mauer legten. Die Augen lachten, es waren ganz seltsame Augen. Sie blickten so ungeniert und offen, daß man gar nicht recht wußte, ob der Mann da drüben alt oder jung war.

„Guten Tag", sagte Franz, „gehört Ihnen das Urauto dort?"

„Und ob. – Euer Wagen gefällt mir fast genau so gut."

„Na – na."

„Doch, ganz im Ernst. – Darf ich ihn einmal ansehen?"

„Gern." – „Bitte schön."

„Kommen Sie nur rüber."

„Danke. Aber wie wär's denn, ihr fahrt zu dem Tor dort drüben rein und macht eine kurze Rast. Ich hab' sogar Himbeersaft im Haus."

Sie sagten nicht nein. Der Garten lockte, das komische Urauto, der Himbeersaft – und auch dieser seltsame Mann. –

Eigentlich war alles merkwürdig oder doch so anders als gewöhnlich, wie sie nun in den großen Garten hineinfuhren. Eine laubenartige Behausung, weiter hinten im Garten auf einer kleinen Anhöhe ein halbfertiges Holzhaus, dazwischen Obstbäume, eine Wiese, Beete, ein Brunnen, gleich neben dem Brunnen eine kleine, sauber gezimmerte Bank mit Schüssel, Bürste und Handtuch – „Meine Waschbank – also, mein Badezimmer", stellte der Herr dieses Gartens lachend fest und deutete in die Fichte hinauf, die über die Bank schattend ihre Zweige breitete: „Die Dusche." Eine Gießkanne an einer Zugvorrichtung, die man herablassen, hochziehen und ankippen konnte, so daß es dann ‚duschte'. – Im Umkreis des tiefer gelegenen Brunnens war ein Steingarten stufenförmig angelegt. Auf den ersten Blick schon sahen sie, mit wieviel Sorgfalt und Liebe alles gepflegt und gepflanzt war. – Dann aber erblickten sie auch das Ungetüm – das *Urauto*. Es stand wie selbstverständlich auf dem Hauptweg des Gartens und war ebenfalls sauber und ordentlich, nur änderte das nicht seine altertümlichen Formen.

„Fährt das Ding denn überhaupt?"

„Das Ding fährt."

„Und wenn's stehenbleibt?"

„Ich habe immer einen Mechaniker bei mir."

„Wirklich?"

„Ja. Mich selbst. Ich kenne jede Schraube da dran."

„Sind Sie denn Techniker?"

„Komisch, heutzutage muß man immer gleich das sein, was man kann. Man sollte vielerlei können, um so freier ist man."

„Bauen Sie an dem Haus auch mit?"

„Nein, nicht mit – ich bau's mir allein."

„Ganz allein?"

„Ja. – Drum kenne ich's auch von unten auf. Jeden Nagel, jeden Stein des Sockels, jeden Balken."

„Und alles klappt?"

„Durchaus nicht. Manches habe ich zwei-, dreimal geändert oder neu angefangen. Und meine Fingerkuppen waren anfangs blau vom Danebenschlagen des Hammers, und die Haut an den Handflächen war manchmal nur noch stellenweise vorhanden."

„Warum machen Sie denn das alles?"

Der fremde Mann lächelte. „Warum?" Er zog die braunen Schultern hoch. „Warum? Weil mir's Freude macht und weil ich nicht nur in dem Klapperkasten dort drinnen sitzen möchte."

Sie schauten fragend in das Gartenhäusel hinein und sahen auf einem kleinen Tisch gleich am offenen Fenster eine Schreibmaschine und viele beschriebene Bogen. –

„Nun wollen wir erst einmal etwas zu trinken machen. Und nachher will ich e u c h mal fragen, nachdem ihr mich wie Kriminalisten ausgefragt habt. – Holst du mal frisches Brunnenwasser?“

Wuz erschrak fast. Er hatte den Garten mit den Blumen, den hohen Bäumen, der alten graugrünen Mauer betrachtet, mit zusammengekniffenen Augen, und im Geiste ein Bild gemalt.

„Das gäb' ein Bild“, sagte er, „wie das Licht hier und dort durchs Laub blitzt.“

„Malst du? So. Fein. Ich stümpere auch so ein bißchen.“

„Ja?“

„Nicht der Rede wert. – Schade, daß ihr nicht länger hier seid. Ich säh' mir gern mal an, was du kannst.“

„Wir sind zeitlich nicht festgelegt“, erklärte Paulchen in seiner altklug-feierlichen Art.

„Der lädt sich schon ein“, lachte Wilhelm.

„Angenommen. Wollt ihr übernachten? Womöglich mit Lagerfeuer?“

Die Antwort war vielstimmig. Und sofort herrschte eine ganz andere, eine fast vertraute Stimmung. Sie spannten die Schimmel aus, rüsteten alles zum Abkochen und zeigten nun ihrerseits alles. Der Gastgeber war erfreut und begeistert, er probierte alles aus, lobte die Pferde, spielte mit Kille und streichelte gerührt den Goldhamster, schielte durch die Schießscharten, untersuchte das Geheimfach und die Schreckschußpistole und wäre am liebsten als Wohnwagenkutscher gleich losgefahren. –

Auf der Wiese tranken sie dann Unmengen von herrlich kühlem Himbeersaft und wurden dadurch erst richtig hungrig.

„Dürfen wir Sie zum Abendbrot einladen?" fragte Hannes höflich.

„Wir haben auch ein wertvolles Kochbuch", fügte Paulchen hinzu.

„Da gibt's wohl mehr Rezepte als volle Teller?"

„Sehe ich so aus?" fragte Paulchen beleidigt.

„Nein, das wirklich nicht."

Sie fühlten sich durch die unbefangene Art ihres Gastgebers bald wie zu Hause, streiften umher, lasen Obst auf, begossen die Beete, entdeckten und bewunderten die Werkstatt, einen kleinen, von Büschen verdeckten Arbeitsschuppen, wo Geräte aller Art hingen und lagen. – Sie wuschen sich ausgiebig an der Waschbank und halfen Niki und Paulchen beim Kochen. Denn heute galt es ja, die Wohnwagenehre hochzuhalten.

„Komisch", sagte Wuz, der sich mit Tuschkasten und Zeichenblock etwas abseits gesetzt hatte, zu dem Fremden, der ihm zusehen kam, „komisch, eben waren wir noch draußen auf der Straße, und alles stand uns offen, und nirgends hatte man so ganz richtig Ruhe, weil immer etwas Neues zu sehen war, ja, und nun kommen wir hier hinter Ihre schönen, bemoosten Mauern, und mit einem Schlag sind wir in einer anderen Welt."

„Vielleicht gehört das beides zusammen."

„Wie meinen Sie das?"

„Ich muß auch immer wieder raus und fort. Bin schon weit gereist. Ich weiß immer noch nicht, was schöner ist: Das Aufbrechen oder das Nachhausekommen." –

An dem Abend saßen sie lange beisammen. Die Nudeln mit Speck waren ausgezeichnet (Paulchen hatte sogar Muskatnuß darüber gerieben), als Nachtisch gab es Fallobst, geschält, überzuckert, mit Beeren und Spätkirschen vermengt, deren Saft sich vermischt und alles wunderbar durchzogen hatte.

Später hatten sie gesungen und bei sinkender Nacht das Feuer entzündet. – Als der Fremde einmal Niki und Franz verwechselte (er hatte sonst ihre Namen sich erstaunlich schnell eingeprägt), fragte endlich Benno, wie er selbst denn eigentlich heiße.

Sie möchten ihm den Gefallen tun und nicht danach fragen, bat er. Sie könnten ihn ja *Herr X* nennen – er fände, wo man sich doch so rasch gut verstünde, seien Namen gar nicht nötig. – Unwillkürlich betrachteten sie ihn nun noch einmal genauer: Wie er dort, im weißen Pullover, die Arme auf den Knien, schlank, aber doch kräftig, vor dem flackernden Feuer

hockte und mit einem Ast ab und zu in der Glut stocherte oder kleine Flämmchen, die sich zu weit ins Gras vorgewagt, niederschlug. Sein Gesicht, braun und frisch, leuchtete jetzt fast abenteuerlich und wechselte oft schnell von Heiterkeit zu tiefem Ernst. Oder ließ nur das Feuer das so erscheinen? –

„Und was seid i h r nun oder was wollt ihr werden?“ fragte Herr X und sah sie der Reihe nach an.

Sie berichteten.

„Schüler“, sagte Hannes. „Der Vater sagt, ich soll in eine Lehre.“

„Und wozu hättest du Lust?“

„Ich möchte gern Lehrer werden. Aber das geht ja nicht.“

„Pauker“, sagte Benno halblaut.

„Und warum geht das nicht?“

„Das Geld fehlt. Ich soll bald verdienen, sagt Vater.“

„Ein schöner Beruf. Versucht's nur. Vielleicht glückt's doch. Man darf nicht so schnell klein beigeben.“

„Wir verdienen schon, Niki und ich“, erklärte Franz und erzählte von seiner Lehre.

„So, Autoschlosser bist du. Und dann fährst du mit so einem Pferdewagen . . .?“

Hannes wurde rot und erregt, Franz war unsicher geworden, er mußte sich bezwingen, nicht wie früher abfällig über den Wohnwagen zu reden. Doch da sagte Herr X noch: „Alle Anerkennung, das gefällt mir, daß du dir dazu nicht zu gut vorkommst.“

Franz schluckte ein paarmal, dann antwortete er: „Schließlich bin ich doch damals von dem Wohnwagen aufgelesen worden."

„So, erzählt doch mal."

Sie sprachen durcheinander, unterbrachen sich gegenseitig und wußten unzählige Einzelheiten. Wie die Zwillinge im Straßengraben gesessen, wie man sie in den Fächern unter den Bänken vor der Polizei versteckt habe, wie sie dann ausgerissen seien, aber die anderen hätten sie noch in der gleichen Nacht zurückgeholt, wie man sie nach Hause mitgenommen und Direktor Berger ihnen geholfen habe.

„Mich haben sie erst voriges Jahr, bei der zweiten Fahrt, aufgelesen", meldete sich nun auch Wilhelm. „Das heißt, ich mußte hinterherlaufen und Wimpel klauen, bis sie mich . . ."

„ . . . gefaßt haben!" unterbrach ihn Franz.

„Weißt du noch, wie wir zusammenprallten?"

„Und was willst du werden?" fragte Herr X. Wilhelm grinste vor Verlegenheit. „Ich soll in die Landwirtschaft. Aber ich habe immer gesagt: Du, das tu' ich nie und nimmer. Und wenn sich der Großvater – er ist nicht mein richtiger – auf den Kopf stellt. Aber nun . . ."

„Was denn?"

„Ja – nun – weiß ich auch nicht recht. Seitdem ich mit dem Wohnwagen fahre, ist alles irgendwie anders."

„Nanu?"

„Das hast du uns ja noch gar nicht gesagt."

„Ich dachte, ihr lacht mich aus. Wo ihr schon über den Wohnwagen gelästert . . . ach so . . .", er hielt plötzlich inne.

Benno war wirklich erstaunt. „Aber du verstehst doch so viel von Technik und von Autos – da willst du wirklich . . .?"

Herr X hatte wohl mehr begriffen, als sie dachten.

„Und warum fahrt ihr dennoch in eurem Wohnwagen, obgleich ihr ihn verlästert?"

„Wir doch nicht!" rief Joli und sah treu zu Hannes hinüber.

„Nein. Aber wir", erklärte Franz, und Benno nickte. „Aber das ist vorbei."

„Und warum soll Wilhelm nicht in die Landwirtschaft?" fragte Herr X und sah Franz und Benno durchdringend an.

„Man verdient da nur wenig", erwiderte Franz, und Benno erklärte stolz:

„Ich geh' übrigens nach Amerika."

„Glaubst du, daß dort n i c h t hart gearbeitet werden muß? Und kommt es aufs Geld allein an?"

„Doch. Aber man hat ganz andere Möglichkeiten."

„Glaubst du? Aber wenn's schiefgeht, bist du ganz mutterseelenallein, und kein Mensch sorgt für dich."

Es war ein paar Minuten ganz still. Nur das Feuer knackte, sprühte und, wenn einer neues Holz hineinwarf, prasselte es auf.

„Könntest du denn das Land, durch das ihr so oft gefahren seid, einfach verlassen?"

„Aber drüben ist's doch auch schön."

„Ich war schon öfter draußen. Schönes Land allein nützt nicht viel. Wenn es fremd bleibt, kannst du im schönsten Land hundeelend sein. Glaub mir's."

Kille schwänzelte wieder einmal von Mann zu Mann. Eins der Pferde stampfte kurz auf. Die Äste der mächtigen Kastanie wurden geisterhaft überhuscht von Licht und Schatten. –

Wuz sagte: „Ich möchte so gern Maler werden, Kunstmaler. Und darf es auch nicht. Die Mutter könnte es nie bezahlen."

Hannes fragte: „Ist das nicht ungerecht im Leben: Die einen dürfen sich aussuchen, was sie werden wollen, und haben Geld zu allem, und die anderen müssen etwas werden, was sie gar nicht möchten."

„Ja", bestätigte Niki, „ist das nicht ganz falsch? Und viele Erwachsene sagen sogar noch, daß das so ganz in Ordnung sei."

Sie sahen auf Herrn X. Der schwieg, und man wußte gar nicht, ob er noch zuhörte. Jetzt sah er wirklich sehr ernst aus. Sie blickten sich verstohlen an mit fragenden Blicken.

Aber da sprach Herr X, ziemlich leise, und schürte dabei wieder das Feuer.

„Ein kleines Gut im südlichen Ostpreußen. Eine fröhliche Familie, fünf Kinder. Der Älteste davon ein großer, fünfzehnjähriger Lümmel, mit tausend Plänen im Kopf. Jeden Tag – auch im strengsten Winter – unterwegs zur Kreisstadt in die Schule.

Dann eines Tages erkrankte der Gutsherr. Er, der nie krank gewesen. Ein, zwei, drei Ärzte können nicht helfen. Nach drei Monaten schon sitzt der einst so forsche Mann im Fahrstuhl, gelähmt an den Beinen, rückenmarkskrank.

Jetzt erst wird deutlich, was er an schweren wirtschaftlichen Sorgen schon lang mit sich herumgetragen: Die Landwirtschaft war damals fast überall verschuldet, auch wir waren nicht frei von Hypotheken. So litt der Vater doppelt, an Sorgen und Schmerzen; der Arzt sagte uns das Todesurteil: Unheilbar.

Damals begann ich zu arbeiten. Im Hof, in den Ställen, auf dem Felde. In der Not lernt man unheimlich schnell. Aber das Geschick hielt ich dennoch nicht auf. Wir mußten verkaufen. Damals begriff ich, was Tiere, was Bäume, was Land, was Haus und Hof, was Eigentum bedeutet. Wir waren alle ganz krank von dem Abschied, die Eltern sogar richtig verstört.

Vater sagte nur, ich müsse von der Schule, müsse Geld verdienen. Ich mußte alle Hoffnungen begraben. Forschungsreisender? Geschichte studieren? Malen? – Nichts davon. Geld verdienen. In einem Torfstich. Im Akkord. Und im Spätherbst in einer Zuckerfabrik. Gelegenheitsarbeiter. Ohne Ausbildung. Nur soviel wie möglich verdienen.

Es reichte doch nicht. Mutter mußte auch mit arbeiten gehen. Ich glaube, Vater wollte damals nicht mehr leben. Er empfand sich nur als Last. Litt darunter, daß er uns nicht vor dem Elend bewahren konnte. Eines Tages war er tot. – Ich habe vielerlei Arbeiten getan in jenen Jahren und wußte wenigstens – wofür.

Als ich endlich die Geschwister aus dem Ärgsten hatte, arbeitete ich nur noch halbtägig und setzte mich wieder auf die Schulbank. Das war schwerer, als ich gedacht hatte. Aber ich schaffte es. Als ich nach zwei Jahren den Abschluß in der Tasche hatte, gelang es mir, mich auf einem Expeditionsschiff anheuern zu lassen. Mein frühester Traum sollte in Erfüllung gehen. Ich begriff kaum, wie gut das Leben es mit mir meinte.

Jedoch – bei der ärztlichen Schlußuntersuchung entdeckte man zwei Schatten in meiner linken Lunge. Schluß. Aus. Vorbei. Nicht Mittelmeer und Persischer Golf, sondern Liegen und Warten und Verzweifeln.

Damals meuterte ich gegen Gott. Ich wollte einfach nicht mehr. Hatte ich nicht für die Geschwister und die Eltern gehungert und Entbehrungen getragen? Und das war die Quittung dafür? Nein! Ich lag und haßte die Welt und wurde kränker und kränker.

Mein Arzt, ein stiller, aber energischer Mann, hat mir damals den Marsch geblasen. Was, ich könne nichts? Ach? Nicht malen? Nicht schreiben? Nicht lesen und mich weiterbilden? Woher ich wisse, daß mein Leben verpfuscht sei. Verpfuschen könne man es nur selbst, nie das Schicksal.

Von dem Tag an ging es aufwärts mit mir. Ich begann zum zweiten Mal in meinem Leben zu arbeiten, nur nun ganz anders als das erste Mal. Es entstanden Geschichten, Schilderungen, Bilder, Zeichnungen. Ich merkte dabei erst, wieviel das Leben mich schon gelehrt hatte.

Als ich endlich gesund war, begann ich wieder von vorn, mit nichts in der Tasche. Aber komisch: Das war mir jetzt gleichgültig. Ich war gesund, dem Leben neu geschenkt, ich wollte es nutzen. Ich meldete mich an eine deutsche Schule im Ausland als Erzieher und kam an. Persien! Nun also doch. Schöne Jahre – viele Reisen, ans Meer, ins Gebirge, durch die Wüste. Überall sammeln, abzeichnen, beobachten, fotografieren. Und Kinder unterrichten, die in der Fremde fast mit Andacht von ihrem Heimatland, von Gebräuchen und Geschichte, von Natur und Kunst hörten. – Und nun geschah das Seltsame: Indem ich dies f r e m d e Land und Volk erforschte, merkte ich, daß ich das e i g e n e gar nicht recht kannte. War das nur Heimweh? – Als ich nach drei glücklichen Jahren zurückkehrte, ging die große Kiste, die all meine Arbeitsergebnisse barg, unterwegs verloren. Wieder alles umsonst, damals kaufte ich mir dieses Stück Land und begann zäh und zornig, das Verlorene aus dem Gedächtnis in Wort und Zeichnung festzuhalten. Mein Erspartes ging zu Ende, ich lebte vom Garten und von kleinen Vorträgen. Aber ich ließ nicht nach, bis mein Persienbuch druckfertig war.

Der Verlag schickte mich darauf – erstmalig gut bezahlt – nach Algier. Es ging alles fast zu glatt und schnell. Ich könnte euch nächtelang von diesem Land erzählen. Aber glaubt mir:

Ich hatte Heimweh. Ich sagte mir: Du forschst für Geld in fremden Ländern. Und dein eigenes Land und Volk?

Als ich heimkam, begann ich das zu tun, was mir draußen als notwendig klar geworden war. Ich kaufte mir billig den alten Wagen dort und fahre seitdem in der Heimat umher. Nie, niemals hätte ich geglaubt, daß ich noch derartig viel „entdecken" würde! Was ich allein an menschlicher Not und Sorge gesehen habe, aber auch an heimlichen Schönheiten, an interessanten Eigenarten, ihr glaubt es kaum. Der Verdienst ist oft knapp. Aber ich möchte es nicht mehr anders haben."

Herr X schwieg. Das Feuer war heruntergebrannt. Die acht Jungen saßen ganz still und sahen gedankenverloren vor sich hin.

„Dabei möchte ich Ihnen helfen", sagte Hannes leise.

„Ich auch", rief Wuz.

Joli sagte nichts, aber er sah bewundernd auf den Mann, der so tapfer sich durchs Leben geschlagen hatte.

„Vielleicht. Ihr seid ja alle acht besonders gut daran."

„Wieso denn?"

„Euer schöner Wohnwagen ist nicht zu schnell zum Entdecken, er läßt sich überall aufstellen, und ihr seid mitten drin. All eure Fähigkeiten entwickelt er – vom Wagenreparieren und Kochen bis zum Forschen und Umgang mit Menschen. Durch ihn habt ihr erst all das Schöne liebgewonnen. Was wollt ihr mehr? Wäre das nicht eine herrliche Aufgabe, mit ihm noch mehr zu entdecken?" – Sie waren überrascht, konnten nicht gleich antworten.

Benno aber zog die Mundharmonika hervor und intonierte ihr Wohnwagenlied, und gleich waren sie dabei, erst halblaut, dann kräftiger und mit so viel Inbrunst, wie sie's lang nicht gesungen. Den Kehrreim sang Herr X bald mit, und als sie geendet, stimmte er noch eine Strophe an:

„Was ist das Beste auf dieser Welt?
Der laute Betrieb und das viele Geld?
O nein, ein Wagen voll Freundschaft und Glück,
in die Ferne hinaus und zur Heimat zurück.
Ahoi!"

So begeistert waren sie lange nicht mehr gewesen. Und Wilhelm und Franz und Benno hoben Herrn X, eh' er sich's versah, auf die Schultern und trugen ihn durch den nächtlichen Garten, und alle anderen marschierten hinterdrein, natürlich auch Kille. – Paulchen nahm vom Komposthaufen aus den Vorbeimarsch ab und gebärdete sich sehr majestätisch, bis er beim Herabsteigen der Länge nach hinfiel und mit den Beinen um so viel zu hoch in der Luft war, als er mit dem Kopf zu tief im fauligen Kompost steckte.

„Ja, ja", sagte er hinterher, als er sich eine verfaulte Tomate vom Halse wischte, „ich opfere mich eben immer für euch auf."

„Du hättest auf einen Igel fallen können", erklärte Herr X, „ich hab' welche im Kompost."

„Dann wäre er rascher wieder aufgestanden, glaub' ich."

„Ich bin zu hungrig, um zu antworten", erwiderte Paulchen.

„Bitte", lachte Herr X und machte eine große Geste, „meine Speisekammer ragt bis in die Sterne. Darf ich bitten."

Sie begriffen, im Nu saßen alle, der Gastgeber auch – das war Ehrensache –, in den Obstbäumen und ließen es sich zu mitternächtlicher Stunde schmecken. Natürlich beteuerte jeder, auf seinem Baum wachse das allerbeste Obst, aber das erhöhte nur den Genuß. Es war schwer, dann wieder aufzuhören.

„Ich kann nicht mehr!"

„Ich platze."

„Ich bin schon geplatzt!"

„Du, ich glaube, wir sitzen heut nacht alle auf dem Komposthaufen."

„Du meinst, auf ‚Paulchensruh'."

So lachten und lästerten sie, und ihre Rufe hallten fröhlich von Baum zu Baum, während oben am klaren Sommernachtshimmel Sternschnuppen in weitem Bogen dahinschossen.

Wer schießt auf Kaspar?

Warum ritten denn zwei algerische, tiefbraune Berber auf geisterhaften, riesigen Schimmeln immer rings ums Feuer? Aber da tauchte ein dritter Kopf aus dem Brunnen auf – Paulchen. Er grinste und hielt einen kugelrunden Igel in der Luft. Jedoch dann war's gar kein Igel, sondern ein ganz großer Kürbis, und Herr X rief: „Alles eigene Ernte. Ihr schüttelt die Bäume, und ich fahre mit dem Auto herum einsameln." Doch dann fuhr er nicht, sondern lauter Beine hatte das Auto, und Herr X saß obendrauf. Nein, das war ja der Schah von Persien, und sie mußten mit ihm auf den Schultern immer schneller rennen, immer schneller. Und während des Rennens hörten sie ihn kommandieren: „Wo ist das Kochbuch? Was wollt ihr werden? Wer lacht über mein Auto? – Nun hoch auf den Baum, das Taschentuch soll flattern! Habt ihr noch Haut an den Händen?"

Aber das ist doch gar kein Baum, das ist doch ein Dachgerüst, ein Neubau und dahinter die Mauer. Komisch – aber hinter ihr ist ja gar nichts mehr zu sehen. Alles wie weggewischt. Oder blendet das Feuer nur so? Jetzt sprüht es von neuem. Wer hat denn hineingestochert? Herr Y? Er lacht so seltsam. Er hat plötzlich so viele Gesichter, die wechseln immerzu. Und der Feuerschein hüpft, oder sind das Kastanienkerzen? „Wir sind zeitlich nicht festgelegt", sagt eine Stimme, „aber morgen werden wir doch platzen." Und wirklich, ganz deutlich ist ein steinerner Druck im Leib zu spüren, hart, anschwellend, immer lastender. Herr X oder Y lächelt und sagt: „Noch eine Strophe, ich begleite euch auf meinem Klapperkasten." Aber da merkt man das Entsetzliche. Kein Ton kommt mehr aus dem Halse. Der steinerne Druck hat alles erstickt. „Ahoi", will man singen, aber es wird nur ein Röcheln. Hilfe, Hilfe, ich muß ersticken ...

„Was brüllst du denn?" fragt Franz ärgerlich den Zwillingsbruder.

Niki sitzt steil auf. „Furchtbar", flüstert er mühsam, „ach – ach, entsetzlich."

„Was freßt ihr auch soviel, dann träumt ihr so blöd", knurrt Franz und legt sich wieder lang.

Niki sitzt noch eine Weile, hält sich den überladenen Bauch, versucht, den Alptraum zu vergessen, und schaut zu dem ersten gelblichen Schimmer drüben im Osten, über der alten Mauer. Ach ja, beides ist schön: Von einer Mauer geschützt schlafen zu können und morgen wieder einen neuen Tag und neue Fahrt ins Unbekannte zu erleben. Damit sinkt Niki neben den Bruder hin und schläft fest und traumlos weiter. –

Am Morgen ist der Garten ein richtiges Zigeunerlager. Der eine wäscht sich spritzend, der andere sucht auf Herrn X'ens Befehl Fallobst zum Mitnehmen, der dritte putzt Schuhe, der vierte putzt sich die Zähne, der fünfte besorgt die Schimmel, der sechste hat Katzenwäsche gemacht und beäugt kritisch das „Urauto“, der siebente richtet mit Herrn X zusammen das Frühstück, und der achte – Paulchen – ist mit Habakuk dabei, all dies bunte Treiben zu fotografieren.

„Sie brauchen nicht erst zu lächeln“, belehrt Franz Herrn X, obwohl der gar nicht daran denkt, ein Fotografiergesicht zu machen, „Paulchen fotografiert grundsätzlich ohne Köpfe.“

„Ach, du Knallkopf, wenn man deine Birne aufs Bild be kommt, ist das allerdings verdorben.“

„Warum malst du nicht lieber, Paulchen?“ fragt Herr X.

„Na, wissen Sie, seitdem meine Mutter einmal einen wirklich schön gemalten Geburtstagskuchen für einen Mülleimer gehalten hat, bin ich vorsichtig geworden.“

„Ehe es Fotoapparate gab, prägten sich die Menschen alles ein, jetzt sind sie faul geworden.“

„Ach, Herr X, glauben Sie nur, wenn's nicht anstrengt, bin ich gar nicht faul. Das sieht nur so aus.“

„Na, eben. Du machst ja um Mitternacht sogar noch einen ganz eleganten Kopfstand.“

„Und trotzdem sagen diese Banausen immer, ich sei unsportlich.“

„Aber Paulchen, allein für deinen Appetit hast du eine Goldmedaille verdient.“

„Ich habe noch eine Frage, gewissermaßen geschäftlich.“

„Da bin ich aber gespannt.“

„Kann ich nicht einmal in ein Buch reinkommen?“

„Wie denn? Als Lesezeichen?“

Alle lachen. Paulchen aber sagt: „Nein doch, richtig. Gedruckt."

„Also gedruckt, nicht gedrückt."

Benno ruft: „Das kauft doch keiner."

„Schreib doch ein Kochbuch."

„Dein Gesicht aufs Titelblatt, und alle sind satt."

Herr X aber sagt: „Das muß ich mir erst einmal überlegen. Wirst du's denn dann auch lesen?"

„Täglich", antwortet Paulchen.

„Und wenn der im Buch dann doch etwas anders ist als du?"

„Macht nichts", beruhigt Paulchen, „ich pass' mich an."

*

Eine Stunde später waren sie abgefahren. Herr X hatte ihnen allen, dem Wuz und Hannes aber insbesondere, versichert, daß er jederzeit mit Rat und Hilfe für sie bereit sei, auch bei Berufssorgen. Sie sollten alle zusammen oder einzeln ja einmal wieder hinter seine Mauern gucken. „Dann ist auch das Haus fertig. Mit Kamin. Im Winter zu empfehlen. Bärenfelle davor und drinnen explodierende Kienstücke."

Als sie schon lange wieder durchs sommerlich warme Land rollten, sprachen sie immer noch von dem freundlichen, geheimnisvollen Herrn X und spürten bei aller Reiselust doch wieder die Wehmut des Weiterfahrenmüssens. –

Nachmittags fuhren sie durch eine kleine, winklig enge Stadt. Es war richtig interessant, nach soviel Tagen in der Natur nun wieder Geschäfte, Eisverkäufer, Kinobilder, Autos und Verkehr zu sehen. Vielleicht konnte man abends in der Nähe der Stadt rasten und dann einen Stadtbummel machen durch die gewundenen Straßen, die alten Tore und über die schmalen, altertümlichen Brücken.

Der Wagen fiel natürlich auf, und die Jungen sonnten sich im Glanz der Bewunderung. Einer läutete die Glocke, Kille bellte zur Hundetür hinaus, auf dem Dache saßen zwei von ihnen, und die Pferde hatten frisches Laub zum Schmuck am Geschirr. Wie froh und frei und unbeschwert fuhren sie dahin! Nur Wilhelm mußte angestrengt beim Kutschieren aufpassen, so unübersichtlich waren die Straßen.

„Huhuh!" riefen Mädchen, winkten und kicherten. Auch Erwachsene blieben stehen. Ein Schupo grüßte lachend. ‚Weiter! Leute, seht her: Der Wohnwagen kommt!'

Aber da kracht es. Ein Schrei. Ein schütternder Stoß. Ein unheimliches Knirschen. Keiner begreift so schnell, da ist auch schon alles geschehen: Aus einer Seitenstraße, die man kaum sehen kann, ist ein Lieferwagen herausgekommen und hat den Wohnwagen gerammt. Alle Jungen springen herab, stürzen nach vorn. Menschen laufen von allen Seiten herbei, drängen, fragen. Ach, wie schön – der Wagen ist kaum beschädigt! Aber da ruft Hannes voller Schrecken: „Um Gottes willen – Kaspar!"

Und nun gewahren sie's erst: Der Schimmel blutet. Eine breite, klaffende Wunde zieht sich quer über seine rechte Hinterhand, und das grellrote Blut zieht in Bächen über das weiße Fell.

Hannes, der sonst so freundliche Hannes, stößt Gaffer und Herandrängende rücksichtslos zur Seite und sieht nur eines: Kaspar. Wie ekelhaft diese Neugier, warum helfen die Menschen dir nicht, komm, ich bin ja bei dir, Kaspar, guter, alter Kaspar!

Ein Schupo schiebt sich nach vorn. Die Wohnwagenjungen stellen sich dicht um Hannes; Kille jault, man hat sie getreten.

„Ihr versperrt die ganze Straße“, ruft der Schupo.

„Warum paßt ihr nicht auf“, ereifert sich ein dicker, untersetzter Mann. Er ist aus dem Lieferwagen geklettert und erscheint recht aufgeregt.

„Die haben doch Vorfahrt“, rufen Leute aus dem Publikum.

„Sie sind den Jungen ja geradewegs auf den Wagen draufgefahren.”

„Ich habe gehupt.“

„Hört man nicht um die Ecke.“

„Hier kann doch keiner was sehen.“

„Wie ist Ihr Name?“ fragt der Schupo.

„Womit sollen wir die Wunde verbinden, Wilhelm?“

„Holt einen Tierarzt. – Wo wohnt hier ein Tierarzt?“

„Ich laufe rasch", Benno flitzte los.

„Und wer ist für diesen Wagen verantwortlich?" fragt der Schupo. Hannes meldet sich.

„Wir müssen schnell ausmessen und den Tatbestand aufnehmen. Dann müßt ihr schleunigst weiter. Der ganze Verkehr stockt."

„Und das Pferd?"

„Das hat ja nur eine Fleischwunde?"

„Sieht schlimmer aus, als es ist."

„Hannes, der Kaspar hebt ja das linke Hinterbein so komisch."

Alle schauen erschrocken auf den Schimmel. Und nun erst erkennen sie, was durch das Gedränge ihnen nicht gleich aufgefallen ist: Kaspar hält sich nur auf drei Beinen, das vierte scheint verletzt zu sein.

„Sehen Sie", schimpft Wilhelm wütend, „das Hinterbein haben Sie auch angefahren. Dafür sind Sie verantwortlich."

Und Paulchen sagt gewichtig: „Übrigens gehört das Pferd Herrn Direktor Berger."

„Fertig!" ruft der Polizist, der mit einem Kollegen zusammen Bremsspur und Standort ausgemessen und aufgeschrieben hat. „Wagen vorziehen."

„Komm, Kaspar", flüstert Hannes liebevoll dem Schimmel zu und tätschelt ihm die Nüstern, „komm, ganz langsam, komm, Kaspar, komm."

Und treu und brav versucht der Schimmel vorwärts zu

kommen. Aber hilflos knickt er ein, stolpert, schwankt und bricht schwer zusammen.

Um ein Haar hätte er Joli und Niki mitgerissen, sie taumeln gegen die aufschreiende Masse der Neugierigen. Hannes hat trotz allen Schreckens den Blick des armen Tieres gesehen, und der ist ihm bis ins Innerste gedrungen. Dieser notvolle, duldende, elend-hilflose Blick! Hannes beugt sich herab. Wie furchtbar Kaspar im Geschirr hängt, die Deichsel niederzieht und sich gar nicht mehr zu rühren wagt. Kathrine unruhig daneben.

„Abschirren!"

„Löst doch die Ketten."

Man zieht, reißt, drängt. Endlich ist Kaspar ausgespannt. „Hüah, auf!" befiehlt der dicke Händler.

„Lassen Sie doch!"

Aber Kaspar versucht zu gehorchen. Es ist qualvoll, seine notvollen, krampfhaften Anstrengungen zu beobachten. Wilhelm und Hannes stützen, Franz zieht am Halfter – und endlich, beim vierten Versuch – kommt Kaspar schwer und am ganzen Leibe schwitzend und bebend auf die Beine – auf drei Beine.

Jetzt erst wird allen klar: Dies Tier ist schwer verletzt. Und eine dunkel drohende Ahnung kommt Hannes und den anderen Wohnwagenjungen.

Der Schupo läßt die Straße räumen. Kathrine muß allein den Wagen zwanzig Meter weiter ziehen, die Polizisten versuchen noch einmal, auch Kaspar zur Seite führen zu lassen, aber ein erbittertes „Nein" von Hannes und der klägliche Anblick des Schimmels lassen sie davon Abstand nehmen. Der dicke, untersetzte Händler sucht nach Zeugen, man hört seine unangenehme Stimme. Autos in langer Kette schieben sich vorbei; ratlos stehen die Kameraden hinter Hannes, nur Wilhelm ist vorn beim Wagen. Kommt denn der Tierarzt immer noch nicht? Das Blut tropft weiter auf das Pflaster der Straße. Immer wieder überläuft Schaudern und Zittern das seidige Fell des Schimmels, sein Blick ist ergreifend – so als fragte er: Warum tut ihr mir das an? –

Hannes könnte toben: Wo bleibt der Arzt? Armer, armer Kaspar! Ich kann dir ja nicht helfen. Und alle stehen und gaffen! – Alles, was die letzten Tage und Stunden war, der gestrige herrliche Abend – ist versunken, unwirklich. Hannes streichelt und tröstet seinen Schimmel, spricht leise zu ihm und starrt, ob er will oder nicht, immer von neuem auf die große Wunde, auf das kläglich angehobene Bein.

Da endlich, endlich kommt der Tierarzt – ein kleiner, drahtiger Herr in Stiefeln und Joppe. Er grüßt kaum und geht an die Arbeit. Die klaffende Wunde spannt er einmal nur mit zwei Fingern auseinander und beachtet sie dann kaum noch. Um so gründlicher befaßt er sich mit Kaspars linkem Hinterbein. Er sagt nichts, knurrt ab und zu vor sich hin, einmal pfeift er leise durch die Zähne. –

Dann richtet er sich wieder auf.

„Hm“, macht er. „Wer ist der Besitzer?“

„Mein Vater, Direktor Berger“, und Joli nennt ihren Heimatort. Der Tierarzt knabbert an seiner Unterlippe. „Hm“, macht er. „Ja – das Fersenbein, das – das ist durch.“

„Wie – was . . .?“

„Durch. Gebrochen. Ganz klarer Fall.“

„Ja, und – und wie lange dauert das?“

„Nicht lang. Das geht ganz schnell."

Sie atmen erleichtert auf. Der Tierarzt kaut und überlegt: „Aber vorher müßte ich die Einwilligung des Besitzers haben."

„Einwilligung?" fragt Hannes, „wozu denn?"

„Ich kann doch nicht so mir nichts, dir nichts das Pferd umlegen."

„Um . . ." Sie starren ihn an. Ein eiskalter, grauenhafter Schreck lähmt Hannes. Er kann keinen Ton herausbringen.

„Am besten", hört er den Tierarzt sagen, „am besten einer von euch kommt mit in meine Wohnung, und wir melden ein Ferngespräch an."

„Aber warum wollen Sie den Kasper denn um . . . denn töten?"

„Solche Brüche sind sehr schwer zu heilen. Ob's das Fersenbein, das Kronbein oder das Hufbein ist, das Pferd müßte in Gips und in eine Hängevorrichtung. Und bis das Bein geheilt ist, haben wir wahrscheinlich das rechte Bein schon überlastet. Und dann wird's nur noch schlimmer."

„Aber das geht doch nicht . . ."

„Es wäre nur eine Quälerei."

„Nein, das erlauben wir nicht."

„Und mein Vater auch nicht."

„Schön, daß ihr ihn gern habt, euren Schimmel. Aber der jüngste ist er auch nicht mehr."

Einer der Polizisten tritt herzu: „Ist es nicht möglich, die

Straße rasch ganz frei zu machen? – Was ist nun mit dem Gaul?"

„Pferd", stößt Wuz böse dazwischen.

„Auch das. Wird er abgeholt?"

„Noch nicht", antwortet der Tierarzt. „Es wäre am einfachsten, alles gleich hier zu erledigen. Man wird das Pferd erschießen müssen."

„Nein", rufen mehrere der Jungen.

Die Zuschauer mischen sich mit Bemerkungen dazwischen. Der Auflauf reizt den Schupo.

„Also bitte rasch. Habt ihr schon mit einem Abdecker telefoniert?"

Hannes funkelt ihn an: „Nein, und ich tu's auch nicht. – Bitte stellen Sie erst einmal fest, daß der Herr von dem Lieferwagen für allen Schaden eintreten muß."

„Leiderdessen!" ruft der Dicke ärgerlich aus dem Hintergrund.

„Na also. Und nun rasch fort mit dem Pferd."

„Bitte, Herr Doktor", beginnt Franz, „versuchen Sie doch alles, unser Pferd zu retten."

Hannes sieht dankbar auf Franz. Auch die anderen stehen trotzig und kampfbereit hinter Hannes. – Der Tierarzt kaut: „Kindersch. Nun seht's doch ein. Da ist wirklich nicht viel zu machen. Habt Pech gehabt. – Das wäre ein wochenlanges Rumdoktern, und hinterher wäre alles wahrscheinlich umsonst gewesen."

„Wir wollen aber alles versuchen."

„Ja. Alles."

„Feine Kerls", sagt ein Mann in der gaffenden Menge.

„Lassen nicht locker", erwidert eine Frau.

„Können einem leid tun", meint ein Dritter.

Da drängte sich ein breitschultriger, rotbäckiger Mann in Weste und Hemdsärmeln vor.

„Erlauben Sie mal", er schaut sich um, blickt fragend auf Hannes, „ist das Ihr Pferd?" – „Ja. Unsers."

„Bruch? – Na, da will ich was sagen: Ich kauf's Ihnen zu einem anständigen Schlachtpreis ab. Ich bin Roßschlächter."

Hannes zuckt zusammen. Das satte, breite Gesicht des Schlachtermeisters da vor ihm und neben ihm Kaspar mit gesenktem Kopf. Und obgleich Hannes jetzt den Blick des Tieres nicht sehen kann, spürt er ihn durch und durch: Willst du zum hundsgemeinen Verräter an mir werden? Willst du so meine Treue lohnen? Und immer war ich mit euch auf Fahrt . . .

Blutrot ist Hannes geworden. Franz aber nimmt ihm die Antwort ab, er wendet sich an den Tierarzt: „Wir werden mit Direktor Berger telefonieren. Der läßt uns nicht im Stich. Kommen Sie."

Der Dicke brummelt was.

„Wie bitte?" fragt Franz streitbar.

„Warum denn soviel Umstände um einen Gaul. Wenn bei mir ein Reifen platzt, schmeiß ich ihn doch auch weg."

„Aber ein Tier ist keine Maschine. Unser Kaspar ist kein Reifen. Der ist unser Kamerad!" Zornglühend hat Franz dem Händler das ins Gesicht geschrien, jetzt steht er dicht bei Hannes und dem Schimmel und legt seinen Arm um Kaspars Hals. „Den geben wir nicht her, da können Sie sich drauf verlassen."

Einige rufen „Bravo" und „Gut so", andere lachen über den Händler. Hannes aber ist in aller Not und Sorge plötzlich glücklich: Der Franz, der Autonarr, der hat das eben gesagt. Ein Tier ist keine Maschine! Ist unser Kamerad! – Ja, jetzt, jetzt erst hatte er alles wiedergutgemacht, was er damals gegen den Wohnwagen Böses gesagt hatte.

*

Das Telefongespräch ließ auf sich warten, und als es schließlich kam, stellte sich heraus, daß der Direktor unterwegs war. Der Bürochef ließ sich vom Tierarzt und von Hannes berichten, notierte den Namen des Händlers und vergewisserte sich, daß Haftung und polizeiliche Untersuchung des Falles klar und in Ordnung seien, und stellte dem Tierarzt anheim, das Nötige zu veranlassen.

Hannes war verzweifelt. „Das geht nicht. Das dürfen Sie nicht erlauben. Das will Herr Direktor bestimmt nicht."

„Es ist doch keine Hoffnung?" fragte die Stimme am anderen Ende.

„Wenig“, antwortete der Tierarzt für Hannes. „Das wird eine kostspielige Angelegenheit.“

„Kostspielig? – Dann erschießen wir wohl lieber.“

„Gut. Danke. Ende.“

„Nein, nicht Ende“, rief Hannes, „hören Sie noch? Ja? ich lasse einen unserer Jungen hier am Apparat 273 48. Ich wiederhole: 273 48. Der Herr Direktor möchte bitte sofort – sofort anrufen, wenn er zurückkommt. Vielleicht kommt der Bescheid noch rechtzeitig. Die drängen hier alle zur Eile.“

„Gut. Ich richte es aus. Ende.“

Ende? Alles zu Ende? Benno war am Apparat geblieben. Hannes war zu Kaspar zurückgekehrt und sah nun die Straße entlang in der Richtung, aus der er kommen mußte. Die Vorbereitungen zur Erschießung wurden getroffen. Die Polizei räumte die Straße, begann abzusperren. Der Tierarzt und der Roßschlächter unterhielten sich laut, wer von ihnen das Tier erschießen solle. Die Zuschauer bedauerten, nicht noch näher das „Schauspiel“ sehen zu können. Eine kitzelnde, schauervolle Neugier erfüllte die Massen. Nun sollten auch die Wohnwagenjungen von dem Pferde zurücktreten, ja, den Platz ganz räumen. Was? Sie sollten in dieser schwersten Stunde ihren Kaspar ganz allein lassen, ihn erbärmlich, feige verlassen?

„Wenn schon, dann müßten wir ihn erschießen“, murmelte Franz erbittert.

„Ja, dort, wo niemand zuschauen dürfte“, nickte Joli. Er war kreideweiß vor Aufregung. Ihm war ganz elend und übel zumute.

„Hannes“, bat Niki, „laß die fremden Leute nicht an Kaspar ran, wenn schon – dann schieß du.“

„Habt ihr verstanden“, schimpfte jetzt einer der Polizisten, „ihr sollt hinter die Absperrung gehen. Hier muß alles geräumt werden.“

Sie standen und antworteten nicht.

„Nun los. Nun macht's nicht schlimmer, als es ist. Das geht alles ganz schmerzlos, eins – zwei – drei – ist alles erledigt.“

Hannes wandte sich an den Tierarzt, der jetzt eine kleine Pistole in der Hand hielt. „Bitte, darf ich selbst unsern Kaspar erschießen?“ Seine Stimme klang seltsam gezwungen und fremd.

„Nein, nein. Wo denkt ihr hin. Das darf ich gar nicht zulassen.“

„Bitte erlauben Sie's“, sagte Franz und beherrschte sich nur mühsam.

„Ihr würdet es eurem Pferd nur schwer machen. Da muß man genau zielen und treffen.“ –

„Platz frei jetzt! Zurücktreten!“ befahl der Polizist. Er schob die widerstrebenden Jungen mühsam und unwillig zurück. Zornbebend, haßerfüllt starrten sie ihn an. Nun also stand der arme, gute Kaspar wirklich verlassen und allein.

Hannes wollte noch einmal zu ihm, aber der Schupo erwischte ihn am Arm und schob ihn energisch zurück.

Es war alles soweit. Die Zuschauer drängten. Der Tierarzt entsicherte seine Pistole . . .

„Hannes! Hannes!“ schrie eine Stimme. Sie fuhren hoch. Benno! Benno kam winkend angehetzt. „Halt! Halt!“

„Nicht schießen!“ schrie Franz, witschte dem Schupo unter dem Arm durch und sprang zu Kaspar hin. „Bist du wahnsinnig!“ brüllte der Tierarzt.

Aber da war Benno schon da. Man verstand erst nach zweimaliger Wiederholung, was er keuchend meldete: Direktor Berger erlaube nicht, daß das Pferd erschossen werde. Er werde alles Weitere selbst anordnen. Er komme mit dem Wagen. Er habe selbst als Offizier früher einen Kronbein-Bruch bei seinem Reitpferd ausgeheilt. Er – er – ja, das sei wohl alles.

Hannes kamen die Tränen. Er und die anderen stürzten zu Kaspar, streichelten ihn, redeten zu ihm, lachten, strahlten, vergaßen die Umwelt und fühlten sich so einig wie noch nie.

Paulchen war als erster wieder obenauf. „Bitte schön", sagte er zu dem Tierarzt, „hier ist das Etui. Stecken Sie Ihr Schießeisen nur wieder ein", und als der Tierarzt verblüfft danach griff: „Übrigens – der Direktor Berger – schwer in Ordnung, sag' ich Ihnen. Ist mein Freud – übrigens."

Paulchen erobert Gulasch und der Wohnwagen eine Stadt

Schon zwei Stunden später war die Lage ganz verändert. Kaspar war, wie Direktor Berger es telefonisch angeordnet, mühsam und vorsichtig abtransportiert worden und im Stall des Tierarztes in einer Art Hängevorrichtung untergebracht, so daß sein gebrochener Fuß nun in Ruhe eingegipst und geheilt werden konnte. Wenn auch der Tierarzt noch Bedenken trug, die Jungen waren alle glücklich und zuversichtlich und hatten das Gefühl, urplötzlich aus einem Unglücks- und Sorgentag in einen richtigen Festtag hineingefallen zu sein.

Und das sollte denn auch gefeiert werden! Sie hatten mit Kathrine den Wagen auf den nahe gelegenen Marktplatz gefahren und sich gegen ihre sonstige Gewohnheit entschlossen, mitten in der Stadt Rast zu machen.

War schon das verunglückte Pferd eine Sensation für das Städtchen gewesen, so wurde es das Rasten der Wohnwagenbesatzung auf dem Marktplatz noch mehr.

Dieser Platz war eng und winklig. Vier Straßen mündeten in ihn ein, er lag oben auf einer kleinen Anhöhe und war durch einen altertümlichen Brunnen gekrönt. Dicht daneben stand der Wagen nun. Was in ihm auch geschah, war heute öffentliches Ereignis. Die Jungen, eben noch in Angst und Bedrängnis, fühlten sich plötzlich bewundert und waren natürlich eifrig bemüht, der Bewunderung reichlich Nahrung zu bieten. Der Ofen rauchte schon gewaltig, ab und zu stieß einer wie zufällig an die Glocke, daß sie hell über den Markt hin läutete, oder Franz sagte lässig, aber so laut, daß es alle hören mußten: „Ach, Wuz, sieh doch mal im Geheimfach nach, ob da meine Pistole liegt." Er sagte mit Absicht nicht Schreckschußpistole, das hätte nicht so gefährlich geklungen.

Geheimfach? Pistole? Die Stadtjugend wurde in ihrer Neugier weiter aufgeputscht und umringte den Wohnwagen nur noch dichter.

Benno war aufs Dach geklettert und lag nun bäuchlings oben mit dem Fotoapparat in der Hand, um „Massenaufnahmen" zu machen. Allerdings „hochstapelte" er auch. Er knipste höchstens bei jeder dritten Aufnahme und freute sich, wie unten „das Volk" sich drängte, um mit aufs Bild zu kommen.

Großes Hallo aber gab es, als Kille zum Fenster heraussah und bellte. Aber als dann, von einer fast unsichtbaren Hand gehalten, ein Kochgeschirrdeckel auftauchte, in dem kauend der groldbraune Habakuk hockte, da versuchten die Kinder, auf die Räder zu steigen, sich am Fenster in die Höhe zu ziehen oder gar die Treppe hinaufzusteigen. Da aber saß Franz, dessen Fuß – „die blöde, dumme Flosse" – wieder schmerzte, und lachte sie an.

„Alle geht ihr doch nicht rein. Aber immer drei oder vier meinetwegen."

„Und wenn der Wagen schmutzig wird?" warnte Wuz.

„Laß gut sein. Ich freu' mich so."

„Ich zahle auch Eintritt", rief ein Junge und hielt einen Bonbon hoch.

„Ich auch", überschrie ihn von weiter hinten ein zweiter und zog eine Birne aus der Hosentasche.

„Die ist ja schon matschig."

So begann eine lange Besucherreihe den Wagen zu beschauen und auszuprobieren, sogar die Hängematte und natürlich den Kutscherbock. Der Ofen wackelte manchmal bei dem Gedränge und rauchte dann auch an der Seite, aber das machte nichts aus. Als sich Hannes, der vom Stall zurückkehrte, fröhlich wieder und guter Dinge, dann sogar erweichen ließ und ein paar Runden über das Holperpflaster rund um den Marktbrunnen fuhr, konnte das nur noch durch Schüsse überboten werden. Jawohl: Schüsse! Schreckschüsse durch die Schießlöcher des Wagens. Es krachte herrlich, stank und rauchte großartig; und als die Munition der Wohnwagenjungen aufgebraucht war, brachten die Stadtkinder reichlich Nachschub. Es krachte immer wieder, rechts und links und links und rechts. Bis einer der Einheimischen auch seine gelbe Wasserpistole ausprobierte und ein langer Wasserstrahl plötzlich aus der Wagenwand zischte.

„Au, mir an den Hals."

„Das ist gemein!"

„Noch mal."

„Vorsicht! – Deckung!"

Hannes mußte an die große Schlacht um den Wohnwagen

denken, als sie damals bei der ersten Fahrt Zirkus gespielt und schließlich schwere Keile bekommen hatten.

„Mach Musik!" befahl er Franz; Musik ist harmloser als Wasser.

Und Joli rief: „Wohnwagenlied."

„Wird gemacht. – Drei – vier . . ."

Und dann sangen sie. Es hallte über den engen Marktplatz, der Schall brach sich an den hohen Giebeln der altertümlichen Fachwerkhäuser, und die Zuhörer hatten bald den schmissigen Kehrreim gelernt, und wenn er dann aufbrauste, meinte man, ein großes Volksfest sei im Gange. In vielen Fenstern lagen Leute, die belustigt zuguckten und sich gegenseitig oder den Kindern Bemerkungen zuriefen. Manche warfen wohl auch Obst oder etwas anderes Eßbares herab, damit ihre Kinder es den fremden Jungen schenkten.

Darauf hatte Paulchen nicht gewartet. Er war auf Entdekkungsreise losgezogen, weil er – wie immer nach Aufregungen – doppelten Hunger empfand. Und schon sein einfacher Hunger war recht ansehnlich und schwer zu stillen.

Wie er es anfangen sollte, das überließ er dem Zufall. Und der Nase. Und die gab ihm dann auch bald eine gute, bemerkenswerte Witterung: Es duftete! Herausfordernd appetitlich duftete es plötzlich. Mit bebenden Nasenflügeln schritt Paulchen dem köstlichen Geruch nach. In der engen Straße mit den hohen, schmalbrüstigen Häusern war es gar nicht so leicht, das richtige Haus ausfindig zu machen. Aber Schnuppern war seit jeher Paulchens Stärke. Komisch: Das einzige breitere Haus, ein düster aussehendes Gebäude, schien die appetitlichen Gerüche auszustrahlen. Dies Haus?

Ein kleiner Steppke rannte vorbei, sicherlich auch zum Markt.

„Hallo – halt mal, Kleiner." – „Ja . . .?"

„Was ist das denn für ein Haus?"

„Eine Schule."

„Was? Eine Schule? Und duftet? Das gibt's doch nicht."

„Doch, bestimmt."

„Erzähl doch nicht. In unserer Schule ist bestenfalls Mief drin."

„Aber es ist doch eine Schule. Klopsakademie heißt sie."

„Wie? Wat? Klopsaka – aka – wie hast du gesagt?"

„Ach, das ist so was Ähnliches wie eine Schule."

„Schule interessiert mich nicht, aber Klops!"

„Ja, das Klopsmachen lernen die Mädchen drin – eben das Kochen."

„Aha!" Paulchen richtete sich auf. „Dann bin ich richtig am Ort. Das ist mein Fach."

Er griff in die Tasche und nahm Habakuk heraus. „Hier, Kleiner, zur Belohnung für diese Auskunft darfst du ihn mal streicheln."

Dann betrat Paulchen die Haushaltsschule.

In einem Raum hörte er eine Frauenstimme etwas erklären; „Plätten" – „Plissee-Falten" – nein, das war nicht sein Fall.

Aus einem anderen klangen Lachen und Schwatzen. Paulchen schritt weiter. Dunkel der Korridor, viele Türen, Abbildungen von Webstühlen, von Kinderpflege, von Kräutern – Aber wo war die Küche? Als er gerade schnuppernd an einer Flurecke stand, tauchte neben ihm eine Dame in weißem Mantel auf. Ihre Brille blitzte. Sie sagte nichts, aber sah ihn an. Paulchen machte eine Verbeugung: „Wie komme ich zur – zur Lehrküche?" Die Dame war so verblüfft, daß sie alles Fragen vergaß: „Hier rechts entlang."

Paulchen nickte gnädig und schritt von dannen und winkte, als die Weißbemäntelte ihm mißtrauisch folgen wollte: „Danke, danke. Ich finde. Bemühen Sie sich nicht."

Das Klappern, Rühren, Hantieren, das Reden und das Hin und Her waren so lebhaft, daß niemand Paulchens Eintritt bemerkte. Plötzlich stand er am Herd. „Huh!" rief eins der Mädchen.

„Nanu?"

„Sieh mal den Dicken."

Einige kreischten, andere kicherten, man drängte heran. Paulchen deutete in einen der Töpfe.

„Wasser nachgießen, sonst brennt's an."

„Hört euch das an."

„Ich darf wohl mal abschmecken? Ja? Einen Löffel, bitte."

„Bei dem piept es."

„Gib ihm doch."

Paulchen nahm den Löffel, schöpfte eine Kostprobe, blies

und pustete vorsichtig, schloß dann die Augen und kostete. Unwillkürlich war es still geworden.

„Dja ...“, sagte Paulchen mit bedeutsamem Augenaufschlag, „da haben wir die Gewürze vergessen. Dies Erbspüree schmeckt mit Thymian und Majoran noch mal so gut.“

„Du verstehst wohl sogar ein bißchen vom Kochen?“

„Ein bißchen?“ Paulchens Stimme triefte von Verachtung. „Ein bißchen viel. Wir haben ein Kochbuch.“

„Ihr, eure Familie?“

„Nein, unsere Expedition.“

„Expe ...“

„Was ist denn da eigentlich los?“ ertönte eine hohe, scharfe Stimme.

„Oh, Fräulein Kräuselbaum, kommen Sie mal, hier ist ein neuer Schüler.“

„Schüler, nein. Ich könnte euch schon einiges beibringen, zum Beispiel die Zubereitung von Gänsebraten.“

„Moment mal“, jetzt war Fräulein Kräuselbaum durch die dichte Schar ihrer Kochschülerinnen hindurch bis zu Paulchen vorgedrungen. „Wie kommen Sie hier herein, ach – du hier herein?“

„Durch die Tür.“

„Du bist unverschämt.“

„Nein – Dahlke.“

„Bitte?“

„Ich bin Paul Dahlke.“

„Ach so, und was soll das hier alles?"

„Ja, das habe ich mich auch gefragt." Paulchen blickte über dies Regiment von Töpfen und Pfannen auf dem Herde. „Was soll das? Dort fehlt Wasser. Da Majoran, das dort verbruzzelt, die Milch dort wird gleich überkochen . . . ja, jetzt!"

„Schnell, schnell!"

Man stieß, drängte, schrie. Es zischte, rauchte, stank.

„Sehen Sie", sagte Paulchen stolz zu Fräulein Kräuselbaum, „wie nötig ich bin."

„Er ist von einer Exekution, Fräulein Kräuselbaum."

„Erbarmen."

„Ex-pe-di-ti-on", buchstabierte Paulchen.

„Ach so. Und wo sind die anderen?"

„Auf dem Marktplatz. Das heißt, Kaspar ist verunglückt, und Habakuk habe ich in der Tasche."

Neues Gekreische. War das vielleicht ein Verrückter? Herrliche Neugierschauer überrieselten die Mädchenschar. Fräulein Kräuselbaum trat vosichtig etwas zurück und ergriff sicherheitshalber einen großen hölzernen Kochlöffel.

„In – in der Tasche – sagen Sie?"

„Ganz recht. Wollen Sie ihn sehen?" Und mit blitzschnellem Griff zog Paulchen den ehrlichen Habakuk aus der Tasche ans Licht. In das ausbrechende Geschrei und Gelächter krachten zwei Teller auf die Fliesen und zerklirrten. Eines der Mädchen hatte sie fallen lassen, ehe es auf den nächsten Stuhl geflüchtet war.

Paulchen ließ sich aber nicht beirren.

„Vielleicht ein Schälchen Milch auf diesen Schreck. Er wird Durst haben."

„Darf ich, Fräulein Kräuselbaum?"

„Sie sind Tierfreundin", wandte sich Paulchen zu ihr, „ich seh' es Ihnen an." –

Habakuk bekam seine Milch, dann sogar noch Haferflocken.

„Ja, du hast's gut", seufzte Paulchen und sah sich um.

„Dürfen wir Ihnen einen Kosthappen anbieten", fragte Fräulein Kräuselbaum und überwand ein gut Dutzend Bedenken.

„Von Herzen gern", antwortete Paulchen, „es sieht hier alles so appetitlich aus ..."

„Aber vorhin bemerkten Sie doch ..."

„Ja, ja, wenn man vom Fach ist, urteilt man leicht etwas zu streng."

Es schmeckte ihm köstlich. Er erkundigte sich fachmännisch nach den Zutaten, der Zubereitungsart und -zeit. Sein Interesse tat gut, man bot ihm noch mal an, er lobte ausführlich, das war Labsal, man bot noch Weiteres an; ein buntes Gemisch zog in seinen Magen ein, dessen grauenhafte Leere er nun nachträglich erst begriff.

„Ich werde kaum zurückkehren können", erklärte er, als er sich dem Sattwerden bedenklich näherte.

„Wieso denn?" fragte die Lehrerin.

„Weil er zu voll ist", lachten die Mädchen.

„O nein. Darin habe ich Übung. Aber aus Verantwortung und Mitleid."

„Das ist mir zu hoch."

„Sehen Sie: Ich bin satt – meine Kameraden hungrig. Ich voll – die leer. Das bedrückt mich natürlich ..."

Die Damen begriffen, sie überlegten. Der Fall war zu seltsam. „Bitte, Fräulein Kräuselbaum“, baten die Mädchen und machten lammfromme Gesichter. „Bitte, wir essen selbst nicht. Wir werden sowieso zu dick. Dürfen wir den armen Jungen etwas bringen?“

Fräulein Kräuselbaums Gewissen rang mit sich selbst.

„Gut denn – ich komme persönlich mit.“

Hatte Paulchen die Klopsakademie allein betreten, so verließ er sie als Führer einer seltsamen Karawane: Körbetragende Mädchen, fast platzend vor Neugier, folgten Paulchen, und über ihm, der gewissensgeplagten Kräuselbaum und den kichernden Mädchen wehte eine köstliche Duftfahne von ausgelassenem Speck und Gewürzen, von Gulaschsoße und Zitronencreme.

*

Vielleicht war es die höchste Triumphstunde Paulchens, als er wie ein treusorgender Vater, nein, mehr noch wie ein rettender Engel mit dem feierlichen Schwanz seines Gefolges auf dem Marktplatz erschien.

Neid ist gefährlich, sie hatten es erlebt. Drum gab Paulchen an die unzähligen Stadtkinder die Parole aus: „Holt euch auch euer Abendbrot hierher. Los!“ Und dann hielt er Einzug in den Wagen. –

Das wurde ein Fest! Draußen hockten, standen und aßen

Junge und Alte. Zwei Ziehharmonikaspieler waren dabei, und immer lustiger wurde das Singen. Rings aus den Häusern sang man mit und klatschte und rief „Bravo". Im Wagen aber, auf der Treppe und auf dem Kutschbock ließen es sich die sieben übrigen Wohnwagenjungen – denn auch Wilhelm und Hannes waren aus Kaspars Stall zurückgekehrt – herrlich schmecken. Ab und zu sangen sie mit, mit halbvollem Munde, weil die Musik so mitreißend durch Tür und Fenster klang. Fräulein Kräuselbaum saß mitten drin und fand alles schön, selbst das gelegentliche leise Schmatzen überhörte sie gern, das kam nur von der Qualität ihres Essens. Paulchen unterhielt sie, sammelte Lobsprüche der Kameraden ein und winkte ab und zu „dem Volk" draußen zu. Die Klops-Mädchen sangen gern mit und ließen sich nach dem Essen alles zeigen, Schießlöcher, Geheimfach, Wuzens Bilder, Händelaufen der Zwillinge (das gab einen riesigen Beifall ringsherum und aus allen Häusern und mußte – trotz vollen Magens – zweimal wiederholt werden), dann auch – und das kannten nun schon die übrigen Zuschauer – das Wohnwagenlied!

Mitten in den Kehrreim, in das laut geschmetterte und vielfach von den Giebeln zurückgeworfene „Ahoi! Ahoi!", ertönte durchdringendes Hupen.

Man schimpfte, drängte, wurde ärgerlich. Warum mußte dieser blöde Mercedes bis zu dem Wohnwagen vordringen?

„Vater!" schrie da Joli. Wirklich: Es war Direktor Berger!

Die Kleinstadt hatte eine neue Sensation, und Fräulein Kräuselbaums Gewissen fand nun endlich Frieden. Aber das Fest auch seinen Abschluß. Es war wohl so schön und laut, so klingend und nahrhaft, so glückhaft und vollkommen gewesen, daß die Wolken recht hatten: Wenn's am schönsten ist, soll man aufhören.

Woher die dunklen, schweren Wolken eigentlich gekommen waren – niemand wußte es zu sagen. Mit einem Schlage jedenfalls begann es zu regnen, zwei Minuten später goß es, und gleich darauf prasselte es wolkenbruchartig los.

Im Nu war der Marktplatz leer. Der Wohnwagen dagegen um so voller: Da saß der Direktor mit den acht Wohnwagenjungen in unwahrscheinlicher Einigkeit beieinander. Der Regen trommelte wild und lärmend aufs Dach. Kille und Habakuk drängten sich an ihre Herrchen. Eine Kerze gab flakkernd spärliches Licht.

Der Direktor sah still und glücklich auf die acht, blickte lächelnd zufrieden auch auf seinen Jungen, den schmalen Joli. Wie gut hatte der's! Wo würde ihm je wieder soviel Freundschaft zuteil werden!

Die Jungen berichteten. Sehr laut, oft durcheinander; sie mußten Kameraden und Regen übertönen.

„Nur gut, daß Sie noch anriefen“, sagte Hannes dankbar. „Sie haben Kaspar gerettet.“

„Ohne den hätte uns nichts mehr Freude gemacht“, sagte Franz überzeugt.

„So? – Ist denn so ein Wohnwagen, so eine ‚Pappschachtel' und so ein Gaul –", der Direktor sah Benno und Franz fragend an – „so ein PS – ist denn das so wichtig?"

Franz wurde rot. Hannes war es peinlich, er wollte ihm helfen. Aber Franz erwiderte schon tapfer – man hörte es trotz des Regentrommelns: „Doch. Ein Tier ist doch kein Motor. Das lebt doch. Und der Wagen –"

Joli sprang ihm bei: „Aber Autos sind auch ganz schön, du hast doch auch eins, Vater."

Franz aber sagte noch:

„Aber den Wagen haben wir uns selbst ausgebaut. Das ist eben u n s e r Wagen."

„Fein, Franz. – Vergeßt nie, was ihr in eurem Wagen Schönes gehabt habt. Niemals, versprecht mir's."

Dann fragte der Direktor noch, wie lange sie nun noch weiter wollten. Mit nur einem Pferd könnten sie nicht mehr viel unternehmen.

„Ich hab' noch vier Tage Urlaub", sagte Niki.

„Und du, Franz?"

„Ich noch drei."

„Ach – nur?"

Plötzlich stand das andere, alltägliche Leben, das Leben mit Schule, Beruf und Arbeit wieder vor ihnen. Sie begriffen es noch nicht so schnell. – Er habe sein Rad in dem Ort nahe beim Zaubersee, sagte Franz, und fahre damit heim, auch die Nächte durch.

„Darf ich mit Ihnen zurückkehren, Herr Direktor?" fragte Niki, „dann spar' ich das Reisegeld."

„Gern, Niki."

Aber da blinzelte Wuz dem Joli und Hannes dem Wilhelm zu. Dann erklärte Hannes, mit jener klaren Entschlossenheit des Wagenvaters: „Nein. Wir wollen nicht weiterfahren, wenn die beiden arbeiten müssen."

„Nein, wir wollen zusammen aufhören."

„Das ist doch Unsinn", schimpfte Franz, aber im Innern freute er sich mächtig über die Freunde. Hannes antwortete gar nicht darauf. Er rechnete:

„Wenn wir übermorgen verladen, reicht es."

„Ihr habt doch noch so lange Ferien!" begann Niki noch einmal.

„Schluß damit!" rief Wuz. „Hannes hat recht. Ohne euch weiterzufahren, wäre hundsgemein."

Alle fünf stimmten zu.

Der Direktor saß still und froh dabei. Abenddämmer füllte den Raum. „Jungens", sagte er. „Erst habt ihr euren Wagen euch verdient, ausgebaut, verschönert. Dann war er in Gefahr, weil Hannes ihn aus Liebe zur Mutter verkaufen wollte. Dann wart ihr selbst in Gefahr, weil ihr ihn zum Teil komisch fandet, euren Wagen. Und nun? Ja, wenn ihr nun nach dieser dritten Fahrt freiwillig eher nach Hause kommt, alle zusammen – ich glaube, dann geht der Wohnwagen durch das Ziel – durchs schönste und letzte Ziel."

Er machte eine kleine Pause. Dann sagte er noch, wie nebenbei: „Nächstes Jahr habt ihr fast a l l e dann euren Urlaub und nicht mehr Ferien. Haltet dann genau so zusammen. Ihr braucht's dann noch mehr. Und ich werde froh sein, falls ich auch wieder angerufen werde wie heut, wenn Not am Mann ist. Ja? Auch bei Berufssorgen. Hannes, du zum Beispiel, nicht wahr?"

Der Direktor stand unvermittelt rasch auf. Es war ihm peinlich, daß so etwas wie eine Rede aus seinen Worten geworden war. Keiner der Jungen sagte etwas. Sogar Paulchen schwieg.

„Kommt", sagte der Direktor. „Ich fahre euch schnell noch zum Pferdestall. Machen wir noch gemeinsam einen Krankenbesuch. Ich muß nachts noch zurück."

Der Wagen war übervoll. Das Kopfsteinpflaster tat ein übriges. Sie hielten sich die vollen Bäuche in dem tollen Neben- und Übereinander im Mercedes. –

Als dann der Direktor – nach Erledigung aller Betreuungsfragen für Kaspar (der hatte rührend still und wieder mit gutem, geduldigem Blick in seinem Heilgestell halb gestanden, halb gehangen) und nach Bestellung eines Güterwagens für den Wagentransport – um ½12 Uhr in die Nacht davon gerauscht war, sagte Hannes, indem sie alle noch den schwindenden Rücklichtern nachschauten: „Am liebsten führe ich jetzt noch weiter. Nur bis ins Grüne."

Und seltsam: So fröhlich und lustig das Fest gewesen war, so gern wollten nun alle doch wieder hinaus aus Straßen und Mauern. – Wasser, Wald, Wiese – das wollten sie am Morgen um sich haben, wenn sie in aller Frühe (oder auch etwas später) erwachen würden.

So brachen sie kurz vor Mitternacht vom Marktplatz auf. Der Himmel war gereinigt und klar. Der Mond kam sogar und beleuchtete die alten Giebel, den verschnörkelten Brunnen, die alten Erker. Sie gingen fast alle neben dem Wagen, um Kathrine das Ziehen zu erleichtern. In der Stille der Nacht rumpelte und ratterte der Wagen über das holprige Pflaster. Ein letzter Blick – da lag einsam und verlassen der Markt, und nur der Silberstrahl des Brunnens blinkte hell und lebendig.

Als sie sich dem alten, offenen Stadttor näherten, schlug die Turmuhr Mitternacht. Dunkel der Gasse, des Tores hinter und neben sich. Aber vor ihnen die zauberhafte Helligkeit einer Sommernacht. Und wehte ihnen nicht schon kühler, regenfrischer Wiesenduft, vermischt mit Waldgeruch, entgegen?

Sie schritten Seite an Seite. Keiner sagte etwas, aber alle empfanden das Gleiche: Wie gut ist's, zusammenzuhalten. Und wie schön ist dann alles! Immer soll's so bleiben. Auch wenn es mal schwerfällt. (War das ‚große Leben', das sie erwartete, eigentlich schön oder schwer?) – Aber da begann Benno zu pfeifen, erst leise vor sich hin, dann kräftiger. Jedoch sie hatten es schon bei den ersten Takten erkannt, ihr altes, immer neues, nie zu Ende gedichtetes, ihr liebes, klingendes, wehmütiges und doch glückliches – W o h n w a g e n - l i e d.